鸡西市转型发展报告

邢广程 于洪涛 王爱丽 金以林 主编

REPORT ON THE TRANSFORMATION AND
DEVELOPMENT OF JIXI

图书在版编目(CIP)数据

鸡西市转型发展报告 / 邢广程等主编 . —北京：中国社会科学出版社，2020.9
（国家智库报告）
ISBN 978-7-5203-7014-1

Ⅰ.①鸡⋯　Ⅱ.①邢⋯　Ⅲ.①区域经济发展—转型经济—研究报告—鸡西　Ⅳ.①F127.353

中国版本图书馆 CIP 数据核字（2020）第 151326 号

出 版 人	赵剑英
项目统筹	王　茵
责任编辑	范晨星
责任校对	王佳玉
责任印制	李寡寡

出　　版	中国社会科学出版社
社　　址	北京鼓楼西大街甲 158 号
邮　　编	100720
网　　址	http://www.csspw.cn
发 行 部	010-84083685
门 市 部	010-84029450
经　　销	新华书店及其他书店

印刷装订	北京君升印刷有限公司
版　　次	2020 年 9 月第 1 版
印　　次	2020 年 9 月第 1 次印刷

开　　本	787×1092　1/16
印　　张	10
插　　页	2
字　　数	121 千字
定　　价	56.00 元

凡购买中国社会科学出版社图书，如有质量问题请与本社营销中心联系调换
电话：010-84083683
版权所有　侵权必究

摘要： 本报告以鸡西市转型发展为主题，明确研究的典型意义，把脉转型发展的基础、优势、政策支持和面对的主要困难，以国家振兴东北老工业基地、资源型城市转型、兴边富民等重要战略为出发点，参考省、市、县三级政府转型发展的思路与措施，通过多学科理论方法的综合运用，从工业、农业、科技、生态环境、文旅融合、商贸物流、对外开放等全方位着眼，提出科学合理、贴近实际、行之有效的对策建议，为鸡西市成功走出一条资源型城市转型发展道路贡献智力支持。

在基于绿色发展的鸡西市工业转型升级方面，报告认为，应加快煤炭产业绿色转型升级，坚持石墨产业集聚发展，打造绿色食品生产加工基地，促进生物医药和中药产业发展，建设生态循环产业园区，以绿色金融支持工业转型升级。

在农业转型升级方面，报告认为，应强化市场竞争力，走产业融合发展之路，以科技为支撑构建农业生产体系，加快发展农村新型集体经济，探索外向型农业发展道路。

在科技助推高质量转型发展方面，报告认为，应加快科技企业孵化器和众创空间建设步伐，加快集聚入孵企业和创客主体，引进各类社会资本投资，加快提升创业服务，建设及完善相关产业发展政策，建立健全助推科技创新发展的保障措施。

在提升绿色优势、推进生态建设方面，报告认为，应注重顶层制度设计，提高自然资源管护质量，改革环境治理体制机制，形塑绿色生活方式，挖掘产品文化意涵，打造本土特色产品。

在文化旅游产业融合发展方面，报告认为，应坚持绿色发展理念，强化市场主体支撑，文旅互补、融合发展，突出景区标准管理，加强景区产品营销。

在构建现代商贸物流体系方面，报告认为，应完善矿产品供应链体系，提升农产品流通体系，创新商贸物流模式，拓展国际物流领域。

在提升对外开放水平方面，报告认为，应加大政策扶持力度，推进密图国际铁路复建工作，出台专项外贸扶持政策，积极协调俄方加快改善口岸通关条件。同时应高度重视对俄农业合作。

关键词：鸡西；转型发展；工业；农业；科技；生态环境；文旅融合；商贸物流；对外开放

Abstract: This report focuses on the transformation and development of Jixi City, clarifies the typical significance of the research, andfigures out the foundation, advantages, policy supports and main difficulties, takes the important strategies such as revitalizing China's northeast industrial base, the transformation and development of resource – based cities, boost development in the border regions to benefit the people living there as the starting point. The report refer to the ideas and measures of the transformation and development of the provincial, municipal and county governments. Through comprehensive application of the multidisciplinary theory and method, the report puts forward scientific, reasonable, practical and effective countermeasures and suggestions from the perspective of industry, agriculture, science and technology, ecological environment, integration of culture and tourism, commerce and logistics, and opening to the outside world. This report provides intellectual support for Jixi City to successfully walk out of a resource-based city transformation and development path.

In terms of industrial transformation and upgrading of Jixi City-based on green development, the report believes that the green transformation and upgrading of coal industry should be accelerated, we should gather the graphite industry, the green food production and processing base should be built, the development of bio medicine and traditional Chinese medicine industry should be promoted, and the industrial transformation and upgrading should be supported by green finance.

In terms of agricultural transformation and upgrading, the report believes that we should strengthen market competitiveness, take the road of industrial integration, build agricultural production system with science and technology as the support, accelerate the development of new rural collective economy, and explore the development path of export-oriented agriculture.

In terms of science and technology promotingthe high-quality transformation and development, the report believes that we should speed up the pace of construction of science and technology business incubators and maker space, accelerate the gathering of incubated enterprises and makers, introduce all kinds of social capital investment, accelerate the improvement of entrepreneurial services, construct and improve relevant industrial development policies, and establish and improve the safeguards to boost the development of scientific and technological innovation.

In terms of promoting green advantages and promoting ecological construction, the report holds that, we should pay attention to the top-level system design, improve the quality of natural resources management and protection, reform the system and mechanism of environmental governance, shape green lifestyle, excavate the cultural connotation of products, and produce products with local characteristics.

In the development of cultural and tourism industry integration, the report holds that we should adhere to the concept of green development, strengthen the support of market entities, complement and integrate cultural and tourism development, stress the standard management of scenic spots, and strengthen the product marketing of scenic spots.

In the construction of modern trade logistics system, the report believes that we should improve the supply chain system of mineral products, improve the circulation system of agricultural products, innovate the mode of trade logistics and expand the field of international logistics.

In terms of improving the level of opening up to the outside world, the reportholds that we should increase policy support, promote the reconstruction of Mitu international railway, introduce special foreign trade support policies, and actively coordinate with Russia to speed up the improvement of port clearance conditions. At the same time, we should attach great importance to agricultural cooperation with Russia.

Key words: Jixi, Transformation Development, Industry, Agriculture, Science and Technology, Ecological Environment, Integration of Culture and Tourism, Commerce and Logistics, Opening Up

目　录

引言：鸡西市转型发展研究的典型意义 …………………（1）
　（一）鸡西市是东北老工业基地资源型城市转型
　　　　发展的典型案例 ………………………………………（1）
　（二）鸡西市是重要的东北边疆城市，实现转型
　　　　发展和繁荣振兴具有维护国家边疆安全
　　　　稳定的重要意义 ………………………………………（2）
　（三）新时代鸡西市转型发展取得的成绩值得总结………（4）
　（四）鸡西市转型发展所面临的主要困难具有
　　　　典型性 …………………………………………………（5）

一　鸡西市实现转型发展的基础 ………………………………（7）
　（一）自然资源情况 …………………………………………（7）
　（二）经济社会发展状况 ……………………………………（9）
　（三）国家相关政策与黑龙江省产业转移趋势 …………（11）

二　鸡西市经济社会转型发展的成就与问题 ………………（16）
　（一）鸡西市经济社会转型发展的成就 …………………（16）
　（二）鸡西市经济社会转型发展主要做法 ………………（17）
　（三）鸡西市经济社会转型发展存在的主要问题 ………（20）

三 鸡西市转型发展的思路与措施 (21)
（一）鸡西市转型发展的思路 (21)
（二）鸡西市转型发展的措施 (23)

四 基于绿色发展理念的鸡西市工业转型升级研究 (28)
（一）鸡西市工业转型升级的优势 (28)
（二）鸡西市工业发展存在的问题 (33)
（三）鸡西市工业绿色转型升级发展路径 (35)
（四）促进鸡西市工业绿色转型升级的对策建议 (38)

五 鸡西市农业转型升级对策研究 (42)
（一）鸡西市农业发展现状 (42)
（二）鸡西市农业转型升级面临的挑战 (47)
（三）鸡西市农业转型升级路径选择 (50)
（四）推进鸡西市农业转型升级的对策 (56)

六 鸡西市科技助推高质量转型发展的制约因素及对策分析 (58)
（一）鸡西科技创新发展现状 (58)
（二）鸡西制约科技发展的瓶颈因素 (61)
（三）提升科技创新水平推动产业转型升级的对策建议 (62)

七 鸡西市提升绿色优势推进生态建设研究 (69)
（一）鸡西市提升绿色优势推进生态建设的基础 (69)
（二）鸡西市提升绿色优势推进生态建设的困境 (73)
（三）鸡西市提升绿色优势推进生态建设的对策建议 (76)

八 鸡西市文化旅游产业融合发展研究 …………………… （80）
　（一）鸡西市文化旅游产业融合发展的重要意义 ……… （80）
　（二）鸡西市文化旅游产业发展基础 …………………… （82）
　（三）鸡西文化旅游产业发展态势分析 ………………… （85）
　（四）鸡西市文化旅游产业发展的机遇与挑战 ………… （88）
　（五）鸡西市文化旅游产业发展存在的问题 …………… （90）
　（六）促进鸡西市文化旅游产业融合发展的路径 ……… （92）

九 鸡西市构建现代商贸物流体系研究 ………………… （96）
　（一）鸡西构建现代物流体系的重要意义 ……………… （96）
　（二）鸡西发展现代物流的基础分析 …………………… （98）
　（三）鸡西市现代物流业发展战略 ……………………… （102）
　（四）鸡西市发展现代物流的实施保障 ………………… （109）

十 关于鸡西市提升对外开放水平的对策建议 ………… （111）
　（一）鸡西市对外开放的愿景 …………………………… （111）
　（二）转型发展背景下鸡西市对外经贸合作的问题
　　　与对策 ……………………………………………… （116）
　（三）转型发展背景下对外农业合作的问题与对策 …… （118）

附录一 《鸡西市转型发展报告》课题组调研大事记 …… （122）

附录二 努力开创边疆城市发展新局面
　　　——"中国边疆城市发展论坛"在黑龙江
　　　鸡西举行 …………………………………………… （135）

后　记 ……………………………………………………… （141）

引言：鸡西市转型发展研究的典型意义

本报告为中国社会科学院院级国情调研基地（黑龙江）2019年度项目结项成果，课题组选择以鸡西市转型发展为调查、研究对象，其典型意义如下。

（一）鸡西市是东北老工业基地资源型城市转型发展的典型案例

鸡西市位于黑龙江省东南部，市域总面积2.25万平方公里，辖密山市、虎林市、鸡东县和6个区，有48个乡镇、459个村。截至2019年，全市户籍总人口169.4万人。域内有省农垦牡丹江分公司及所属的12个大型国营农场，有东方红、迎春2个森工林业局有限公司，有大型国有企业龙煤集团鸡西矿业公司和沈煤集团鸡西盛隆公司。

鸡西市物华天宝、资源富集。鸡西市位于世界三大黑土带之一的三江平原，域内耕地1400多万亩，是国家重要的商品粮基地。已探明矿产资源54种，开发利用20多种，主要有煤炭、石墨、硅线石、钾长石和镁等，其中煤炭储量59.6亿吨，年核定生产能力2851万吨，是国家重要的煤炭生产基地；石墨已探明储量6.62亿吨，远景储量近10亿吨，2014年被中国矿业联合会命名为"中国石墨之都"，是黑龙江省首座国家级矿业名城。

丰富的自然资源为鸡西市发展带来得天独厚的优势，同时也造成过度依赖资源的严重问题，落入"资源陷阱"，粗放发展难以持续。特别是煤炭产业，鸡西市曾是黑龙江省"四大煤城"之首，20世纪80年代以前，煤炭产业为国民经济和社会发展做出过巨大贡献。但是，从20世纪90年代开始，鸡西市煤炭资源已经进入枯竭期。在经过21世纪初"煤炭黄金十年"后，煤矿企业开始连年亏损，全市先后有4个生产规模达到百万吨以上的煤矿宣告破产。

也是从90年代开始，鸡西市逐步思考跳出靠煤吃饭、就煤抓煤的传统思维，在科学发展观指导下，摆脱单纯依靠煤炭采掘业的畸形发展模式，实现煤化工、绿色食品加工、装备制造、制药等众多产业并举，尝试闯出一条资源型城市转型发展的道路。

2003年10月，中共中央、国务院发布《关于实施东北地区等老工业基地振兴战略的若干意见》，明确了实施振兴战略的指导思想、方针任务和政策措施。2013年，国务院先后印发《全国老工业基地调整改造规划（2013—2022年）》《全国资源型城市可持续发展规划（2013—2020年）》，在两份国家战略中，鸡西市均被纳入。特别是在第二份文件中，列出了重点培育的接续替代产业集群：鸡西市石墨精深加工产业集群列为资源深加工产业集群，鸡西市煤炭资源综合利用产业集群列为资源综合利用产业集群。

（二）鸡西市是重要的东北边疆城市，实现转型发展和繁荣振兴具有维护国家边疆安全稳定的重要意义

鸡西市是地缘独特的"边境城市"，是中国东北东部边疆的重要支点，市辖区有着长达641公里的中俄边境线，隔兴凯湖

和乌苏里江与俄罗斯相望。历史上为中国的国家统一和边疆安全做出重要贡献，留下了一批重要历史遗迹。例如当壁镇口岸和俄罗斯通商历史长达百年；第二次世界大战中上千苏联红军战士在这里捐躯，虎头要塞见证了第二次世界大战终结这一历史性时刻；珍宝岛则是20世纪60年代中苏关系破裂导致边境冲突的历史见证。

近年来，中俄关系日益紧密，2019年，中俄建交70周年之际，两国元首决定将两国关系提升为"新时代中俄全面战略协作伙伴关系"。中俄政治互信不断走向新高度，推动两国经贸合作关系的全面展开，民间、地方层面的合作也日渐升温。从黑龙江省层面看，"龙江陆海丝绸之路经济带"建设与俄罗斯"远东开发战略"良性互动，为黑龙江省沿边开发开放注入强大动力。

鸡西市位于黑龙江省东部对外开放的前沿，是重要的边境贸易中心、口岸商品和物流集散中心、沿边旅游贸易中心，对俄合作具有一定区位优势。境内有密山、虎林两个国家一类陆路口岸。密山市建立了相对发达的三位一体的交通网络，兴凯湖机场主营国内定期客货运航线，通航至哈尔滨、北京、上海、三亚、沈阳和青岛等地，高速公路、铁路横贯东西，牡佳高铁即将建成通车。密山口岸年过货能力100万吨、过客能力60万人次。距俄罗斯卡缅雷博洛夫64公里，距俄罗斯乌苏里斯克170公里，距俄罗斯远东第一大城市符拉迪沃斯托克（海参崴）284公里。虎林市位于黑龙江省东部沿边开放带中点位置，边境线长264公里。虎林口岸建有永久性界河大桥，满负荷运转年过货能力可达260万吨。对面俄罗斯的马尔科沃口岸距俄口岸城市列索扎沃茨克仅8公里。通过西伯利亚大铁路和远东干线公路，向北401公里可通过哈巴边区首府哈巴罗夫斯克市，深入俄罗斯腹地，辐射独联体及东欧各国，向南352公里可通过符拉迪沃斯托克（海参崴）和纳霍德卡港出海，到达韩、日等太平洋沿岸国家和地区。

（三）新时代鸡西市转型发展取得的成绩值得总结

党的十八大以来，鸡西市深入贯彻落实习近平总书记系列重要讲话精神，特别是对东北地区、黑龙江省的重要讲话精神，以中央及黑龙江省有关老工业基地振兴、资源型城市转型发展的各项方针、政策为指引，牢牢抓住转型发展这条主线，坚定信心、保持定力、抓住机遇、奋发有为，推动形成独具特色的转型发展战略：突出"一条主线"（转型升级），叫响"两张名片"（中国石墨之都、生态旅游名城），抓住"四个重点"（抓产业升级壮实力、抓改革创新增活力、抓营商环境强引力、抓政治生态聚合力），建设"一都五基地"（中国石墨之都和新型能源化工基地、绿色食品生产加工基地、生物医药制造基地、生态旅游度假基地、对俄进出口加工基地），全力打造转型发展升级版。

近年来，面对经济增长下行的压力，鸡西市积极主动适应经济新常态，坚持以转型发展为主线，以稳中求进为总基调，着力转方式调结构，着力抓招商上项目，着力促改革激活力，着力惠民生保稳定，经济运行呈现稳中有升、稳中向好的发展态势。

从经济数字看，2019年，全市实现地区生产总值（GDP）552亿元，按可比价格计算，比上年增长4.6%。其中，第一产业增加值205.3亿元，增长3.2%；第二产业增加值122.3亿元，增长3.4%；第三产业增加值224.4亿元，增长6.7%。三次产业结构为37.2∶22.2∶40.6。第一、二、三产业对GDP增长的贡献率分别为27%、18.6%、54.4%。全市人均地区生产总值实现32278元，比上年增长6.3%。煤炭产业在全市经济中所占的比重逐渐下降，重点培育的石墨、绿色食品、生物医药等接续产业的比重逐年提高,以商贸、旅游为重点的现代服务业(第三产业)不断发展壮大。经济运行质量持续提升,全年规模以上工业企业增加值按可比价计算比上年增长7.0%。其中:四大主导产业(煤炭、石墨、绿色食品、医药)增加值比重占规模以上工业81.4%,增速为6.5%,低于规模以上工业0.5个百分点,对规模以上工业贡献率达72.5%。

除现代产业发展、新旧动能转换外,鸡西市在民生福祉、城市建设和发展环境方面也都取得了较为显著的成绩。城乡面貌实现了由老旧矿区向现代城市的华丽转身。全市建成区面积由8.6平方公里拓展到80.4平方公里,城镇化率达到66%,较建市之初提高12.8个百分点。城市交通四通八达,形成公路、铁路、航空、口岸立体化的交通网络。实施矿区"三供一业"改造,老矿区功能不断完善,旧貌换新颜。生态环境更加宜居。全市森林覆盖率达到28.8%,人均公园绿地面积10.9平方米。2018年,城市空气质量达标率89.8%,鸡西是全国空气质量较好的城市之一。城市品质显著提升。建成白鱼湾、虎头、平阳等特色小镇。2019年,城镇常住居民人均可支配收入为25413元,比上年增长6.4%。农村常住居民人均可支配收入19700元,增长7.9%。相较于中华人民共和国成立之初,分别增长140余倍、250余倍。农村居民收入处于全省前列。居住条件极大改善。完成了鸡西建市以来规模最大的棚户区改造,近50万人出棚进楼,改造农村危房和泥草房3.7万户,城镇和农村居民人均住房面积分别达到29.5平方米和22.8平方米。教育、文化、卫生、体育等公共服务体系不断健全,群众的获得感、幸福感、安全感显著增强。

(四)鸡西市转型发展所面临的主要困难具有典型性

鸡西市转型发展具有一定的资源和区位优势,有国家政策的重点支持，有各级政府的积极探索和实践，但是，也存在较为明显的限制性因素，既有老工业城市累积下来的体制机制问题；也有煤炭资源型城市普遍存在产业产品结构单一、资源开采浪费严重、综合利用效率不高、科技创新水平偏低、生态环境治理滞后等产业问题；既有计划经济长期运行造成的深入头脑的落后观念和思维等主观原因，也有边疆地区位置偏远、人口流失严重等客观原因。

可以说，鸡西市兼具了目前国内各有关地区不同程度存在的不利于市场经济发展的主要因素，从这个意义上说，解剖鸡西这只"麻雀"，科学探索破解发展困局的路径与方法，特别是触类旁通，形成一般规律性的认识，为贯彻、落实好中央老工业基地振兴、资源型城市转型、兴边富民等重要战略提供智力支撑，既具有重要的学术价值，也具有重要的现实意义。

一 鸡西市实现转型发展的基础

（一）自然资源情况

鸡西市位于黑龙江省东南部，1957年建市，市域总面积2.25万平方公里，辖密山市、虎林市、鸡东县和6个区，有48个乡镇、459个村。域内有省农垦牡丹江分公司及所属的12个大型国营农场，有东方红、迎春2个森工林业局有限公司，有大型国有企业龙煤集团鸡西矿业公司和沈煤集团鸡西盛隆公司。

鸡西物华天宝、资源富集。位于世界三大黑土带之一的三江平原，域内耕地1400多万亩，是国家重要的商品粮基地。已探明矿产资源54种，开发利用20多种，主要有煤炭、石墨、硅线石、钾长石和镁等，其中煤炭储量59.6亿吨，年核定生产能力2851万吨，是国家重要的煤炭生产基地；石墨已探明储量6.62亿吨，远景储量近10亿吨，2014年被中国矿业联合会命名为"中国石墨之都"，是黑龙江省首座国家级矿业名城。

鸡西山川秀美、生态优越。大界湖、大界江、大森林、大冰雪、大湿地蔚为壮观。有被誉为"北国绿宝石""东方夏威夷"的中俄界湖——兴凯湖，大湖面积4380平方公里（中方1240平方公里，俄方3140平方公里），小湖面积176平方公里（为我国内陆湖），兴凯湖国家级自然保护区被联合国教科文组织确定为世界级生物圈，98公里的湖岸沙滩被载入吉尼斯世界纪录。有清纯质朴、风光旖旎的中俄界江——乌苏里江，是当今世界上为数不多的未被污染的大江大河之一。穆棱河由西南向东北纵贯全市，全长834公里，其中鸡西境内长525公里，流域面积1.77万平方公里。有中国最早看到日出的地方——神顶峰，是三江平原地区的最高点。完达山脉林海浩瀚，沃野千里，物产丰饶，出产"东北三宝"——山参、貂皮、鹿茸。麒麟山、凤凰山、蜂蜜山、金刚山等雄峻秀美、风光秀丽、姿态各异。有各类湿地547万亩，兴凯湖湿地是世界上最大的湿地之一，珍宝岛湿地是同纬度地区保存最原始和类型最典型的生态系统，均已列入国际重要湿地名录。

鸡西历史悠久、人文厚重。早在6800多年前，满族人的先民肃慎人就在这里繁衍生息，并创造了中华文明史上独具特色的渔猎文明。这里是满族祖先肃慎人的发祥地、第二次世界大战的终结地、中国空军的诞生地、北大荒精神的发源地、珍宝岛事件的发生地、百年煤炭开采历史的集结地，新开流文化、兴凯湖文化、北大荒文化、抗联文化、矿区文化等底蕴深厚、交相辉映，有"中国肃慎文化之乡""中国版画之乡""中国剪纸之乡""中国摄影之乡"等称号，多年被评为全国文化先进市。

鸡西地缘独特、交通便利。地处东北亚经济圈的核心区域，毗邻俄罗斯滨海边疆区，边境线长641公里，有密山当壁镇和虎林吉祥2个国家一类陆路口岸，年过货能力310万吨以上、过客能力160万人次以上，与120多个国家和地区建立了经贸关系。鹤大高速、建鸡高速和林密铁路、城鸡铁路贯穿全境，正在建设牡佳快速铁路环线，开通了哈尔滨、北京、沈阳、青岛、上海、天津、大连、广州（冬季三亚）等空中航线，立体化现代大交通格局初步形成。特别是随着"一带一路"建设的推进和黑龙江省"龙江丝路带"规划的实施，还将陆续建设虎林跨境铁路和虎林机场等重大基础设施，鸡西对内对外开放独特的区位优势将越发明显。

（二）经济社会发展状况

2018年，全年实现地区生产总值（GDP）535.2亿元，比上年增长5.0%。其中，第一产业增加值189.3亿元，增长6.5%；第二产业增加值128.9亿元，增长5.6%；第三产业增加值217.0亿元，增长3.1%。三次产业结构为35.4∶24.1∶40.5。第一、二、三产业对GDP增长的贡献率分别为47.8%、28.7%、23.5%。全年实现农林牧渔业增加值95.0亿元，同比增长6.7%。全市粮食作物播种面积716.7万亩，绿色食品种植基地面积575万亩，比上年增长4.5%。全市获得无公害食品、绿色食品认证达236个。全年规模以上工业企业增加值比上年增长7.4%。全年规模以上地方工业企业增加值同比增长16.6%，其中，四大主导产业（煤炭、石墨、绿色食品、医药）增加值比重占规模以上工业77.0%，增速为7.7%，高于规模以上工业0.3个百分点，对规模以上工业贡献率达79.0%。全年固定资产投资（不含农户）比上年增长0.5%。在建项目303个，在建项目中计划总投资1亿元及以上项目97个。全年社会消费品零售总额比上年增长7.7%。全年实现进出口总值2.6亿美元，比上年增长18.7%。全市实际利用国外资金1.7亿美元，比上年增长5.0%。全年共接待国内外游客1127.0万人次，比上年增长9.4%；实现旅游业总收入74.8亿元，增长11.8%。全市完成地方财政收入38.9亿元，比上年下降15.8%。一般公共预算收入34.1亿元，下降9.9%。一般公共预算支出161.3亿元，下降12.6%。全年居民消费价格（CPI）比上年上涨2.0%。全市户籍总人口172.7万人，人口出生率4.59‰，死亡率6.09‰，人口自然增长率-1.50‰。城镇居民人均可支配收入为23889元，比上年增长5.7%。农村居民人均可支配收入

18258元,增长8.6%。城镇新就业4.50万人,失业人员实现再就业3.94万人,城镇登记失业率为3.77%。

表1　鸡西市2014—2018年主要经济指标

主要经济指标 年份	地区生产总值 (亿元)	农林牧渔业增加值 (亿元)	规模以上工业企业增加值 (亿元)	固定资产投资 (亿元)	社会消费品零售总额 (亿元)	一般公共预算收入 (亿元)	城镇居民人均可支配收入 (元)	农村居民人均可支配收入 (元)
2014	516.0	107.5	70.7	207.8	204.3	33.7	19375	13449
2015	514.7	113.7	65.8	222.7	222.2	34.5	20132	14409
2016	518.4	112.1	54.8	238.3	242.9	36.3	21227	15592
2017	530.1	120.2	61.1	252.6	262.2	37.9	23309	16482
2018	535.2	95.0				34.1	23889	18258

资料来源:《鸡西市国民经济和社会发展统计公报》。

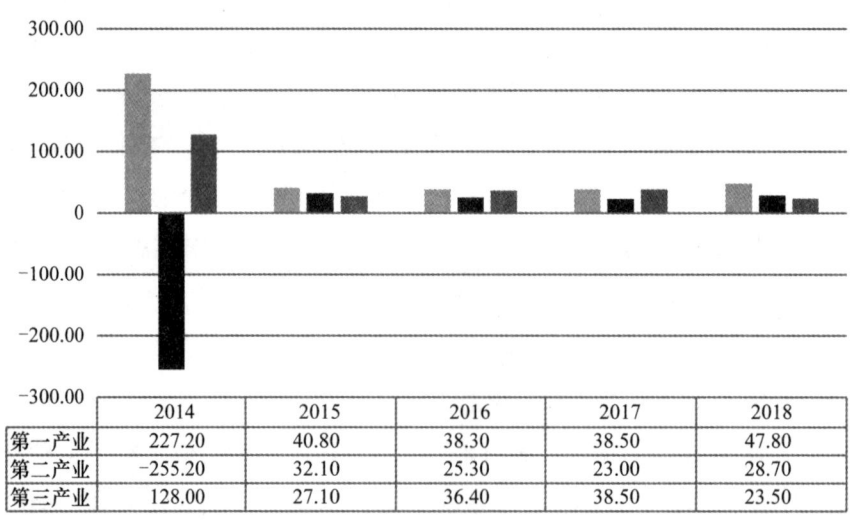

图1　2014—2018年鸡西市第一、二、三产业对GDP增长贡献率(%)
资料来源:《鸡西市国民经济和社会发展统计公报》。

（三）国家相关政策与黑龙江省产业转移趋势

1. 国家实施的东北振兴转型政策

从历史沿革来说，东北等老工业基地振兴战略大致分为两个阶段，2003—2013年是东北振兴战略实施的第一个十年，2016年至今，是新一轮东北振兴战略的实施阶段。2004年3月，国务院振兴东北地区等老工业基地领导小组召开第一次全体会议，提出了工作要点，标志着振兴东北战略全面进入实施阶段。2016年4月《中共中央 国务院关于全面振兴东北地区等老工业基地的若干意见》（中发〔2016〕7号）出台，标志着新一轮东北振兴全面启动。东北振兴战略实施以来，党中央、国务院出台了一系列支持政策，有力地促进了东北老工业基地振兴发展。

（1）独立工矿区和城区老工业区政策。2012年9月，国务院召开了全国资源型城市与独立工矿区可持续发展工作座谈会，对实施独立工矿区改造搬迁工程做出了全面部署。2013年，国家发展改革委选择新疆富蕴县可可托海矿区等5个典型独立工矿区启动了改造搬迁工程试点。2014年，《国务院关于近期支持东北振兴若干重大政策举措的意见》（国发〔2014〕28号）印发后，国家发展改革委在东北地区率先全面实施了独立工矿区改造搬迁工程，2015年进一步将工程实施范围扩展到全国。2014年，国务院办公厅印发《关于推进城区老工业区搬迁改造的指导意见》（国办发〔2014〕9号）。政策实施以来，鸡冠城区老工业区搬迁改造、滴道独立工矿区改造搬迁、恒山独立工矿区改造搬迁三大工程被列入国家支持范围，实施范围超过460平方公里，涉及居民超过20万人。截至目前，全市累计新建改造道路20多条，排水管线30000多米，供水管线23233米，供热管线26982米，供气管线294000米，累计拉动地方投资超过

20亿元，超过10万居民受益。

（2）资源型城市可持续发展和老工业基地调整改造政策。2013年，国务院印发《全国资源型城市可持续发展规划（2013—2020年）》（国发〔2013〕45号），鸡西市石墨精深加工产业集群、鸡西市煤炭资源综合利用产业集群作为全国50个重点培育的接续替代产业集群被列入规划。2013年，经国务院批准，《全国老工业基地调整改造规划（2013—2022年）》（发改东北〔2013〕543号）印发实施，鸡西作为全国120个老工业基地城市之一，被列入调整改造范围。

（3）习近平总书记关于东北振兴重要指示精神。2015年7月17日，习近平总书记在长春召开部分省区党委主要负责同志座谈会，听取对振兴东北地区等老工业基地和"十三五"时期经济社会发展的意见和建议并发表重要讲话。习近平总书记在此次会议上强调，振兴东北老工业基地已到了滚石上山、爬坡过坎的关键阶段，国家要加大支持力度，东北地区要增强内生发展活力和动力，精准发力，扎实工作，加快老工业基地振兴发展。习近平总书记就推动东北老工业基地振兴提出了着力完善体制机制、着力推进结构调整、着力鼓励创新创业、着力保障和改善民生的"四个着力"要求。

2018年9月25—28日，习近平总书记考察东北三省，主持召开深入推进东北振兴座谈会。习近平总书记明确指示：东北地区是我国重要的工业和农业基地，维护国家国防安全、粮食安全、生态安全、能源安全、产业安全的战略地位十分重要，关乎国家发展大局。新时代东北振兴，是全面振兴、全方位振兴，要从统筹推进"五位一体"总体布局、协调推进"四个全面"战略布局的角度去把握，瞄准方向、保持定力、扬长避短、发挥优势，一以贯之、久久为功，撸起袖子加油干，重塑环境、重振雄风，形成对国家重大战略的坚强支撑。习近平总书记就深入推进东北振兴提出六个方面的明确要求。一是以优化营商环境为基础,全面深化改革。二是以培育壮大新动能为重点,激发创新驱动内生动力。三是科学统筹精准施策,构建协调发展新格局。四是更好支持生态建设和粮食生产,巩固提升绿色发展优势。五是深度融入共建"一带一路",建设开放合作高地。六是更加关注补齐民生领域短板,让人民群众共享东北振兴成果。

2. 黑龙江省委、省政府支持煤城转型政策

2019年4月,黑龙江省委、省政府制定出台《关于加快煤炭资源型城市转型推动高质量发展的指导意见》(黑发〔2019〕8号)(以下简称《意见》),明确了煤城转型发展的指导思想、基本原则、发展目标、重点任务、保障措施,在顶层设计、体制机制、政策措施等方面实现了一系列重大突破,具有很强的针对性、前瞻性和指导性,为煤炭资源型城市走出困境,实现转型发展、高质量发展指明了方向。

《意见》主要目标是:到2022年,煤企改革加快推进,优势特色产业加速集聚,接续替代产业比重不断提升,战略性新兴产业快速发展,生态环境修复治理成效显著,人民生活质量不断提高。"煤头电尾""煤头化尾"及非煤产业占规模以上工业比重达到65%以上,非煤产业占GDP比重每年提升5—10个百分点,达到30%以上。到2025年,城市功能整体优化提升,非煤产业做大做强,新旧动能有效转换,新业态、新模式蓬勃发展,生态环境质量显著提高,高质量的就业和社会保障体系基本形成,城乡居民收入增速高于全省平均水平2个百分点以上,"煤头电尾""煤头化尾"及非煤产业占规模以上工业比重达到85%以上,非煤产业占GDP比重达到60%以上。《意见》制定了推动去落后产能释放优质产能、推进"煤头电尾"持续优化、提升"煤头化尾"建设水平、打造新能源示范基地、推动石墨新材料产业加快发展、鼓励发展现代服务业等23项重点工作任务。

2019年4月3日，黑龙江省委书记张庆伟主持召开全省煤炭资源型城市转型发展座谈会。明确要深入贯彻落实习近平总书记在深入推进东北振兴座谈会上的重要讲话和考察黑龙江时的重要指示精神，按照高质量发展要求，深化供给侧结构性改革，抓住机遇、坚定信心、科学谋划、扎实工作，加快推进煤炭资源型城市转型发展，在全省振兴发展中发挥重要作用。一要深入解放思想，推进发展观念转变。"四煤城"必须用解放思想这把金钥匙打开转型发展这扇门，落实新发展理念和高质量发展要求，贯彻供给侧结构性改革"八字"方针（巩固"三去一降一补"成果、增强微观主体活力、提升产业链水平、畅通国民经济循环），形成奋发有为、干事创业的生动局面。二要坚持多业并举，推进产业结构转型。"四煤城"要积极融入全省"百千万"工程建设（以强企业、强产业、强园区为牵动，大力发展百亿企业、千亿产业、万亿产业集群，扩大产业规模，加快发展速度，提升发展质量，加快构建现代产业体系，打牢实体经济根基，为实现全面振兴全方位振兴提供根本支撑），做好"煤"这篇文章，找准发展定位，与省直部门、龙煤集团搞好对接，合力推进规划实施、产业培育、项目建设，尽快形成多点支撑、多业并举、多元发展的产业发展新格局。三要实施创新驱动，推进新旧动能转换。要坚持把创新作为转型发展的重要基点，以创新引领产业扩量升级，推动经济发展动力根本转换。四要深化改革开放，推进体制机制转轨。体制机制问题是制约煤城转型发展的一大障碍，必须持续深化改革、扩大开放，进一步增强发展活力。要深化龙煤集团改革。巩固深化企业内部市场化管理和"三项制度"改革，盘活矿产资源，深化市矿合作，加快推进社会保险职能移交，切实做好分流人员后续资金保障，持续增强内在活力、市场竞争力和发展引领力。要加快民营经济发展。认真落实国家减税降费措施，推动民营经济成为拉动地方经济增长的重要力量。要把鼓励转产煤老板二次创业作为发展民营经济的一项重要工作。要全面扩大对外开放。积极参与"中蒙俄经济走廊"建设，完善口岸基础设施，大力发展资源型合作项目，培育跨境产业链，不断培育新的增长点。

黑龙江省委、省政府《关于加快煤炭资源型城市转型推动高质量发展的指导意见》出台后，特别是黑龙江省委组织召开全省煤炭资源型城市转型发展座谈会后，鸡西市第一时间提出了贯彻落实意见，研究制定全市《关于加快煤炭资源型城市转型推动高质量发展的实施方案》，明确工作任务、细化工作分工，成立工作专班、建立工作台账，明确时间表、路线图和具体责任，认真抓好组织实施。积极做好与国家和省相关政策的汇报、沟通和承接、落实工作，抓住转型发展的关键环节，盯住"两黑一绿一药"等重点产业发展，加快推进产业转型升级，全力打造鸡西转型发展升级版。

二 鸡西市经济社会转型发展的成就与问题

（一）鸡西市经济社会转型发展的成就

近年来，面对经济增长下行的压力，鸡西市积极主动适应经济新常态，坚持以转型发展为主线，以稳中求进为总基调，着力转方式调结构，着力抓招商上项目，着力促改革激活力，着力惠民生保稳定，经济运行呈现稳中有升、稳中向好的发展态势。

一是经济运行持续向好。全市地区生产总值增幅从2013年最低的0.6%逐步回升，2018年实现增长5%。其他经济社会发展的主要指标也都实现了平稳增长。

二是产业结构持续优化。煤炭产业在全市经济中所占的比重不断下降，证明鸡西市对煤炭产业的依赖程度也在不断减轻。2018年，全市煤炭产业产值占规模以上工业的比重为41.4%，比最高时下降了29.4个百分点。全市重点培育的石墨、绿色食品、生物医药等接续产业的比重逐年提高，2018年石墨、绿色食品、生物医药"三大产业"产值占规模以上工业比重达到33.4%，比2013年提高5.9个百分点。以商贸、旅游为重点的现代服务业（第三产业）不断发展壮大，2018年全市第三产业占GDP的比重达到40.5%。

三是质量效益持续提升。2018年，全市新增规模以上企业

9户，总量达到139户；全市规模以上工业增加值、主营业务收入、利润分别增长7.4%、17.0%和28.0%，达到了近年来的较高水平；全市税收收入增长11.2%，占一般公共预算收入的70%，证明财政收入的结构更加合理，比2017年提高13个百分点；城乡居民人均可支配收入增速均高于GDP增速。四是发展活力持续增强。2018年，全市新增各类市场主体13427户，增长13.5%，其中新增企业1923户，增长17.3%。非公经济占全市经济总量的50%以上，实缴税金占全口径税收的68.1%。工业投资增幅达到43.9%；电子商务交易额增长40.9%，快递业务量增长27.4%，银行业金融机构贷款余额增长6.1%。

（二）鸡西市经济社会转型发展主要做法

一是抓谋划，明确转型发展路径。紧紧抓住国家实施新一轮东北振兴和黑龙江省支持"四煤城"转型发展的重要战略机遇，坚持转型发展这条主线不动摇，叫响中国石墨之都、生态旅游名城"两张名片"，建设中国石墨之都和新型能源化工基地、绿色食品生产加工基地、生物医药制造基地、生态旅游度假基地、对俄进出口加工基地"一都五基地"，全力打造鸡西转型发展升级版，努力走出一条质量更高、效益更好、结构更优、优势充分释放的资源型城市转型发展新路子。

二是抓产业，构建现代经济体系。坚持以产业转型推动城市转型，调整优化三次产业，坚持一产抓融合，优结构、壮龙头、树品牌；二产抓提升，扩增量、优存量、提质量；三产抓拓展，强旅贸、育"四新"、活市场。着力建设"一都五基地"，打造多点支撑、多业并举、多元发展的产业格局。特别是在建设"中国石墨之都"上，坚持规模化、科技化、集约化、生态化发展方向，着力做好石墨产业增链、补链、延链、扩链大文章，推动石墨产业向中高端迈进。全市石墨深加工品种达到17种，涵盖六大产业链，2019年还可新增深加工产品11种，新增产业链条2个。

三是抓项目，夯实转型发展基础。把产业项目建设作为推动转型发展的重中之重，坚持大小同上、内外并举、上下联动，既要大项目的"顶天立地"，也要中小项目的"铺天盖地"。全力以赴抓谋划、抓招商、抓落地、抓推进、抓投产、抓达效，全面打响项目建设年攻坚战。2018年，全市共实施投资5000万元以上的重点产业项目98个，完成投资40.7亿元。2019年，全市共落实投资5000万元以上重点产业项目95个，总投资223.2亿元，当年计划完成投资83.2亿元，有25个重点项目年内可投产见效。

四是抓创新，增强转型发展动力。坚持把转型发展的基点放在创新驱动上，围绕产业链部署创新链，围绕创新链培育产业链，加快推进"以政府为主导、以企业为主体、产学研一体化"的创新体系建设。充分发挥国家石墨产品质量监督检验中心、黑龙江乐新石墨烯研究院、"中乌碳晶体重点联合实验室"等创新平台作用，大力推进黑龙江省科学院鸡西石墨分院、唯大石墨烯院士工作站等创新平台建设，引导企业和科研院所对接，推动创新资源向企业集聚、创新人才向企业流动、创新政策向企业倾斜。同时，着力抓好高新技术产业化基地和科技园区建设，努力培育一批高新技术企业和科技型企业群体。

五是抓改革，释放转型发展活力。2019年，鸡西从实际出发，确定了8个方面、24项改革举措和53项重点改革任务。按照国家和省的部署，以"放管服"改革为牵动，连续七轮推进行政审批制度改革，市级行政审批事项由409项精简到136项；全力推进"最多跑一次"改革，全市5704项政务服务事项中，有4875项实现"最多跑一次"。在全省率先开通了网上政务中心，全面推行网上集中审批，市级行政审批提速80%以上。

2019年3月，鸡西市在全省率先推出第一批18项"办事不求人"事项，涉及教育、公安、卫生、医保、社保等7个部门，包括落户口、办护照、择校、分班、住院、转诊、不动产登记等18大项59小项，收获了较高的群众满意度。目前，正积极筹备推出第二批事项，并计划于2020年推出"办事求人"易发事项"负面清单"。

六是抓环境，构筑转型发展优势。按照习近平总书记重塑营商环境的指示要求，全面贯彻落实黑龙江省《关于重塑营商新环境的意见》和《优化营商环境条例》，持续推进机关作风整顿、优化营商环境。制定出台《支持民营经济发展的若干意见》和《鸡西市招商引资优惠政策》，从扩大投资、做大做强、扭亏增盈等多个角度加大对招商引资和民营企业的扶持、支持力度，对重点发展的现代煤化工、石墨新材料、绿色食品深加工、生物医药、商贸旅游等主导产业和"四新"经济项目加大投资和财政贡献奖励力度，为重点项目、民营企业和外来投资者提供一系列货真价实的政策支持，全力打造重商、亲商、安商、富商的优良环境。

七是抓民生，提升人民群众福祉。坚持把转型发展的出发点、落脚点和成效体现在民生改善上，从群众最关心、最直接、最现实的问题入手，先后实施了采煤沉陷区棚户区治理、城市供水工程、"三供一业"改造等一批重点民生工程，上百万群众从中受益。其中，采煤沉陷区棚户区治理惠及6.7万户居民，圆了几代人的安居梦。城市供水工程惠及76.8万名群众，彻底解决了鸡西长期不能全天供水、喝不上优质安全水的问题。"三供一业"改造使20余万名破产矿区群众的生产生活条件得到了极大改善。推进农村"厕所革命"，2.2万户农民用上了太阳能卫浴一体化设施，改变了农民过去的传统生活方式，人民群众的获得感、幸福感、安全感不断增强。

（三）鸡西市经济社会转型发展存在的主要问题

由于体制机制和市场形势变化等因素影响，中国煤炭资源型城市普遍存在产业产品结构单一、资源开采浪费严重、综合利用效率不高、科技创新水平偏低、生态环境治理滞后等突出问题，严重制约了煤炭资源型城市的可持续发展。与全国煤炭资源型城市普遍存在的问题类似，鸡西一段时期内积累的体制机制和结构性矛盾也比较突出。

一是资源开发利用方面，存在煤炭资源接续能力建设亟待加强，煤炭资源需要整合，综采机械化水平有待提高，资源产业科技含量不高、深加工环节薄弱、产业链条亟须延长等问题。

二是经济发展方面，存在产业产品结构不合理，对外开放程度不高，经济总量占比不大、对地方财力的贡献有限，接续替代产业发展后劲不足等问题。

三是资源拥有方面，部分区域的煤炭资源已趋于枯竭，后续接续替代产业出现困难，存在矿区职工生活比较困难，基础设施建设亟须加强等问题。

四是社会民生方面，存在矿山企业下岗职工较多，就业和再就业问题比较突出，社会保障体系不够健全，保障水平不高，采煤沉陷区和棚户区面积依然较大等问题。

五是生态环境方面，存在简单粗放的资源开发对环境产生不利影响，出现采空沉陷、生态环境恶化、环境污染严重、矿山尾矿综合利用不足等问题。

六是体制机制方面，存在市矿分治的体制障碍并未完全消除，市与矿的机构设置交叉重叠等多方面的问题没有得到根本解决。因此，作为面临一系列问题的煤炭资源型城市，鸡西的转型发展迫在眉睫。

三　鸡西市转型发展的思路与措施

（一）鸡西市转型发展的思路

2019年4月28—29日，中国共产党黑龙江省第十二届委员会第五次全体会议召开，审议通过《中共黑龙江省委关于贯彻"八字方针"深化改革创新推动经济高质量发展的意见》，文件指出："巩固、增强、提升、畅通"八字方针，是当前和今后一个时期深化供给侧结构性改革、推动经济高质量发展管总的要求。黑龙江省推动经济高质量发展的目标是，到2022年，体制机制同市场有效对接、产业不断创新扩量升级、市场主体规模持续壮大，发展综合质量效益、新发展理念、群众主观感受三个方面核心指标持续提升，全员劳动生产率显著提高，加快建成工业强省、农业强省、科教强省、生态强省、文化强省、旅游强省，维护国家国防安全、粮食安全、生态安全、能源安全、产业安全的战略地位更加巩固，形成营商环境好、创新能力强、生态环境优、发展活力足的振兴发展新局面。

为落实省委文件精神，2019年5月10日，中国共产党鸡西市第十三届委员会第五次全体会议通过《中共鸡西市委关于贯彻"八字方针"深化改革创新推动经济高质量发展的实施意见》，明确鸡西市推动经济高质量发展的总体要求：以习近平新时代中国特色社会主义思想为指导，全面贯彻落实党的十九大精神，深入贯彻落实习近平总书记在深入推进东北振兴座谈会上的重要讲话和对黑龙江省重要讲话、重要指示批示精神，统筹推进"五位一体"总体布局，协调推进"四个全面"战略布局，按照省委十二届四次、五次全会和市委十三届四次全会部署，坚持稳中求进工作总基调，坚决贯彻"巩固、增强、提升、畅通"八字方针，突出转型发展主线不动摇，统筹稳增长、促改革、调结构、惠民生、防风险、保稳定，强力推进构筑新型发展优势、产业结构、区域协调发展、绿色发展、对外开放战略、提升人民群众幸福指数"六个新升级"，全力打造转型发展升级版，努力走出一条质量更高、效益更好、结构更优、优势充分释放的资源型城市转型发展新路子，推动鸡西全面振兴、全方位振兴。

同时，文件也提出鸡西市发展新的理念：牢固树立并切实贯彻创新、协调、绿色、开放、共享的"五大发展理念"，加快构建创新驱动引领、产业结构优化、质量效益升级的现代产业体系，构建中心城区辐射带动、城乡建设一体化和地方与龙煤、农垦、森工优势互补的区域协调发展体系，构建自然环境有效保护、独特优势充分释放、人与自然和谐共生的生态优先绿色发展体系，构建以密山和虎林"两个口岸"为依托、对俄经贸为重点、与肇庆市对口合作为促动、深度融入共建"一带一路"和中蒙俄经济走廊的全方位开放体系，构建基本民生高质量保障，小康社会全面实现，人民群众获得感、幸福感、安全感持续增强的共享发展体系。

在具体工作中，始终坚持突出"一条主线"（转型升级），叫响"两张名片"（中国石墨之都、生态旅游名城），抓住"四个重点"（抓产业升级壮实力、抓改革创新增活力、抓营商环境强引力、抓政治生态聚合力），建设"一都五基地"（中国石墨之都和新型能源化工基地、绿色食品生产加工基地、生物医药制造基地、生态旅游度假基地、对俄进出口加工基地），全力打造转型发展升级版，加大各项任务推进落实力度，加快转型发展步伐。

（二）鸡西市转型发展的措施

1. 加快产业转型升级，构建现代产业体系

坚持推出叫响"两张名片"，着力建设"一都五基地"，加快新旧动能转换，做强做优实体经济。围绕叫响"中国石墨之都"，依托恒山、麻山两个石墨园区和贝特瑞、唯大、浩市等重点企业，以资源开发和精深加工为方向，坚持龙头引领、集群化发展，延长产业链、提升价值链，推动石墨产业不断向中高端迈进，把发展石墨产业作为煤城产业转型的"新引擎"。建立石墨产品质量标准体系和行业规范，提升鸡西石墨品牌知名度和美誉度。围绕建设"新型能源化工基地"，以"煤头电尾""煤头化尾"为路径，延伸发展煤炭产业。继续推进小煤矿整治整合，加快保留地方煤矿扩储改造，推进煤炭基础产业集约发展，促进洗煤产业提质升级，提高贡献率，增强支撑力。依托天和焦化、北方焦化等企业，积极推进煤焦油深加工、焦炉煤气制LNG联产、煤层气综合开发利用等项目。积极发展清洁能源产业，坚持风力发电、生物质发电和燃料乙醇并举，开展"光伏＋"项目开发，推进煤层气开发，促进多能源互补发展，推动传统能源产业向新型能源化工产业转型升级。围绕建设"绿色食品生产加工基地"，以"粮头食尾""农头工尾"为路径，提高就地加工转化率，积极发展水稻、大豆、红小豆、紫苏、食用菌、蜂产品、畜产品等深加工，推进农副产品加工多元发展，推动绿色食品产业向高附加值、终端产品转型升级。围绕建设"生物医药制造基地"，以突出特色、做大规模、叫响品牌为方向，推进生物医药产业规模化发展。抓好北药规范化种植的同时，扶强做大珍宝岛药业，支持乌苏里江制药、金九药业、新医圣制药等企业裂变升级、加快发展。围绕建设"生

态旅游度假基地",以打造两座"金山银山"、推出叫响"生态旅游名城"为方向,把发展旅游业作为绿色发展和煤城转型的重要途径。积极引进战略投资者,推进兴凯湖生态功能区保护和虎林国家全域旅游示范区建设,加强与龙江东部旅游产业联盟城市的集成营销,提升两大核心景区影响力。充分挖掘和传承肃慎、抗联、矿山、北大荒、知青等文化,讲好鸡西故事,推出鸡西篇章,提升旅游发展内涵。强化旅游与文化、商业、体育等深度融合,打造生态度假游、红色文化游、跨境康体游等特色旅游产品。培育做大冰雪经济,推动鸡西旅游向全域化、四季化转型升级。围绕建设"对俄进出口加工基地",以"进口抓落地、出口抓加工"为方向,充分发挥两个口岸优势,坚持境内境外联动,积极引进和培育一批有实力的进出口加工型企业,努力扩大进出口货物量。加快农副产品、山产品、木材等进出口加工园区建设。新建一批大型物流园区和专业市场,积极发展冷链物流,提高进出口产品就地加工率,推动商贸物流产业向内贸外贸相互融合、加工贸易相互拉动转型升级。

2. 加快发展现代农业,扎实推进乡村振兴

把发展现代农业作为煤城转型的重要支撑,坚持农业农村优先发展,深入落实乡村振兴战略,以农业供给侧结构性改革为主线,以中国饭碗装中国粮食为己任,高质量推动现代农业发展。进一步稳固粮食产能。深入实施"藏粮于地、藏粮于技"战略,扎实推进高标准农田建设,加快科技攻关和先进技术推广,全面提升农业综合生产能力。着力发展质量型、效益型农业。突出发展粮食精深加工、高质量畜产品加工,以及蔬菜、杂粮杂豆和食用菌等特色加工业,推动大粮仓变成绿色粮仓、绿色菜园、绿色厨房。抓好黑龙江省新型经营主体"千百万"工程落实,大力发展休闲农业、乡村旅游、农产品加工物流、电子商务等新产业新业态。突出抓好农产品质量和品牌建设。

加大农药、化肥、除草剂"三减"示范基地建设力度。实施品牌培育工程，创新农产品品牌，进一步提高全市农产品的市场竞争力和知名度。加快推进美丽乡村建设。实施农村人居环境整治三年行动，加强农村基础设施建设，深入推进农村"厕所革命"，进一步提升农村人居环境质量。围绕农民群众最关心、最直接、最现实的利益问题，不断提高农村民生保障水平，把乡村建设成为美丽宜居新家园。

3. 全面深化改革开放，释放经济社会发展活力

着力破解与煤城转型不相适应的体制机制，进一步拓展开放的深度和广度，推进新时代改革开放再出发。全面深化各领域改革。围绕推进供给侧结构性改革，认真贯彻落实"巩固、增强、提升、畅通"八字方针，加快"破、立、降"力度，不断提高经济发展质量和效益。持续推进"放管服"改革，确保放得下、接得住、运行好。继续深化"多证合一"改革，推行"35+N"模式和"不见面"审批，实行"网上办、一次办、我帮办"，推进市场主体登记全程电子化。深入推进电力交易、市场化配置资源、公共资源交易电子化等改革。加强教育、医疗、文化等社会改革，推动养老、安全生产等公共服务领域改革，建立起与市场经济相适应的管理体制和运行机制。实行对内对外双向开放。积极融入"一带一路"建设，围绕黑龙江省"打造一个窗口、建设四个区"的部署，以更高水平的开放推动鸡西转型升级，不断提升集聚生产要素和参与市场竞争的能力。巩固和拓展虎林、密山口岸发展良好态势，改善通关条件，千方百计增加客货量，发展口岸经济。进一步推动与广东省肇庆市对口合作深度发展，努力取得新成果。加强与域内龙煤集团鸡西矿业公司、省农垦牡丹江分公司、东方红和迎春两个森工林业局有限公司的共建合作，推进优势互补、一体化发展。

4. 重塑投资营商新环境，打造投资兴业的洼地

深入贯彻落实《中共黑龙江省委黑龙江省人民政府关于重塑营商新环境的意见》《黑龙江省优化营商环境条例》，大力整治和优化营商环境，提振企业信心，努力培育出更多创新能力强、品牌价值高、市场前景好的优秀企业。大力优化政务和法治环境。推进并联审批、"最多跑一次"等改革，进一步减少办照数量，精简审批手续，压缩企业开办时间，降低企业成本。坚持依法行政，深入推进综合执法，解决好执行难问题，让企业家放心经营、放手发展。创优市场环境。加强市场信用体系建设，严厉打击不正当竞争行为，为企业平等使用生产要素营造公平竞争环境。着力解决企业发展和项目建设中遇到的各种困难和问题，使企业引得进、留得住、发展好。落实支持民营经济发展的各项政策措施，鼓励支持民营资本进入更多领域。加强涉企服务。进一步推进落实减税降费政策，减轻企业负担。优化人才环境，为各类人才在全市创业就业提供贴心服务、创造良好条件，发挥域内高校作用，为企业培养实用、紧缺人才。

5. 坚持以人民为中心，大力保障和改善民生

大力发展民生事业，不断提高民生福祉，让群众的幸福感、获得感和安全感日益增强。打好脱贫攻坚战。全面落实《关于打赢脱贫攻坚战三年行动的实施方案》，确保完成脱贫攻坚任务。重点实施贫困村饮水、交通、电力、环境、网络、生态"六大工程"，改善生产生活条件，补齐农村基础设施建设短板。进一步提高就业和社会保障水平。深入推进"大众创业、万众创新"，坚持以创业带动就业，加大力度培育创业实体，用好各项创业优惠政策。统筹做好高校毕业生、关闭煤矿从业人员、农民工等重点群体就业。2019年以来，鸡西聚焦提供更加精准的公共就业服务，深入开展了送政策、送信息、送技能、送岗位、送资金"五送"活动，以群众关注"小切口"解决民生"大难题"，取得了明显成效。2019年1—10月，通过抓就业"五送"，全市城镇实现新增就业3.4万人，就业困难人员就业1.4万人，城镇登记失业率低于省控目标0.6个百分点。省委书记张庆伟、省长王文涛等领导以及省人社厅对鸡西的做法给予充分肯定。不断完善社会保障体系，加大对困难群众帮扶和救助力度，重点做好困难群体基本生活保障工作。着力优化公共服务。完善公共服务体系，增强公共产品供给能力，推进基本公共服务均等化。优先发展教育事业，加快发展学前教育，推进义务教育优质均衡发展，推进新一轮高考改革，支持黑龙江工业学院、黑龙江技师学院等域内院校创新发展。落实新一轮改善医疗服务三年行动计划，提高医疗卫生服务能力和水平，加快"健康鸡西"建设。加强文化公共服务设施建设，实施文化惠民工程，不断提升群众文化生活水平。补齐民生基础设施短板。以保障和改善民生为目标，切实抓好重大投资项目建设，让人民群众共享振兴发展成果。加快推进牡佳客专鸡西段项目建设，推动全市融入哈尔滨2小时经济圈。扎实做好鸡西兴凯湖机场改扩建前期工作，力争早日开工建设。继续抓好采煤沉陷治理、城区老工业区搬迁改造、独立工矿区改造搬迁、城区"三供一业"等民生工程，进一步完善城市功能，促进城市人居环境优化升级。

四 基于绿色发展理念的鸡西市工业转型升级研究

资源与环境问题是人类面临的共同挑战,可持续发展日益成为全球共识。发展绿色经济已成为国家重要战略。资源能源利用效率成为衡量产业竞争的重要因素。习近平总书记在黑龙江省考察调研时指出:"绿水青山就是金山银山,冰天雪地也是金山银山。"绿色发展以创新为驱动力,以现代科学技术为支撑,特征是循环、生态、低碳,谋求经济增长与资源环境的低消耗,有利于节约资源和保护环境,实现可持续发展。鸡西市拥有大森林、大冰雪、大界江、大湖泊、大湿地、大农场、大矿山,夏季层林尽染,冬季银装素裹,山清、水秀、土净、田洁是鸡西的生态优势。绿色发展模式是鸡西市转型高质量发展的导向,目前鸡西市正处于工业化转型的关键时期,工业转型升级须遵循清洁、高效、低碳、循环等绿色发展理念,实现产业生态化,生态产业化,擦亮"生态旅游名城"名片。

(一) 鸡西市工业转型升级的优势

改革开放前,作为因煤而兴的城市,鸡西经济结构以第二产业为主,呈"二一三"结构,1978年三次产业结构为35.2∶46.0∶18.8。改革开放四十多年来,产业结构呈现第二产业下降、第三产业提升、第一产业持续徘徊态势。1981年第二产业比重达到高峰51.8%。中国GDP增速从2012年起开始回落，经济增长更趋平稳，增长动力更为多元，中国经济进入新常态，工业增速明显放缓。鸡西市作为资源型城市，由于市场趋于饱和、煤炭价格下降等因素，亟须以产业转型升级带动经济转型、城市转型、社会转型。随着供给侧结构性改革深入推进，鸡西市加快"去产能、去库存、去杠杆、降成本、补短板"，供给质量提高，建立健全优胜劣汰机制，优化产权结构、流通结构、消费结构，工业进入转型发展阶段。

1. 区域工业发展的资源优势

（1）优质的煤炭资源

煤炭是鸡西市主要的自然资源，鸡西煤田开采历史已经超过100年，鸡西市因煤而建，因煤而兴，煤炭产业在鸡西市的经济发展方面发挥了重大的作用。20世纪90年代，煤炭产量曾位列全国第二，煤炭开采量、经济规模和经济效益一直居于黑龙江省"四煤城"之首，已累计为国家输送原煤近10亿吨，为全国经济建设和社会发展做出了重要贡献。截至2017年年底，鸡西市煤炭资源保有储量59.46亿吨，占全省煤炭资源总储量的29.13%。其中焦煤和1/3焦煤保有储量20.36亿吨，居全省第一位，褐煤18.51亿吨。2017年原煤产量1464万吨左右，居全省第一位，主要煤种有焦煤和1/3焦煤、气煤、肥煤、无烟煤、贫煤等，分别占储量的35.07%、13.52%、1.76%、0.76%、0.67%。据此煤炭生产可达100多年，丰富的煤炭资源是东部煤电化基地建设的重要支撑。

（2）石墨储量丰富

鸡西石墨资源得天独厚，是世界优质石墨主产区，截至2017年年底，保有石墨资源储量6.62亿吨，占全国的19.97%，占全省的41.87%。最高品位达22.00%，平均品位7.83%，晶质石墨资源储量5192万吨，占黑龙江省40.3%，占全国17.3%，其中又以大鳞片晶质石墨为主，达50%以上，工业利用价值高。柳毛石墨矿是世界最大的大鳞片晶质石墨生产基地。从精粉产量上看，2018年鸡西市石墨产量38.67万吨，占全省51.6%，占全国47.2%。鸡西现有有效采矿权10个，设置探矿权7个，产业开发的资源供给十分充足。2014年，鸡西市被中国矿业联合会命名为"中国石墨之都"，成为黑龙江省首家、全国第11家国家级矿业名城。

(3) 国家重要的商品粮和绿色食品生产基地

鸡西地处世界三大黑土带之一的三江平原腹地，土质肥沃，水源充足，是国家重要的商品粮和绿色食品生产基地。域内耕地面积1400多万亩，其中，市属耕地面积740万亩，人均耕地面积大。盛产水稻、玉米、大豆等农作物，农业机械化程度接近90%。有湿地36万公顷，有自然保护区和森林公园11处，总面积5897平方公里，全市平均森林覆盖率28.4%，其中市区达41%，是开发绿色食品的理想地区。鸡西绿色食品基地监测面积500万亩，其中，全国绿色食品原料标准化生产基地240万亩；绿色食品、有机食品、无公害农产品"三品"认证数量达到216个。2018年绿色食品种植基地面积575万亩，粮食产量68.8亿斤。现有草原99万亩，年产优质饲草30万吨，域内饲料加工企业产能达到113万吨，每年通过畜牧业转化的粮食超过100万吨、秸秆445万吨。

2. 工业内部结构不断优化

在全面深化改革关键时期，2015年，鸡西市提出坚持以转型发展为主线，大力实施三大战略，做强煤炭、石墨、绿色食品、医药四大主导产业的发展思路，大力转方式、调结构，促进产业结构优化升级。通过改造升级"老字号"、深度开发"原字号"、培育壮大"新字号"，深入推进供给侧结构性改革和产业转型升级，由工业产业结构单一、内部资源配置不合理向多层次、多模式产业结构发展。煤炭产业在鸡西市经济中所占的比重不断下降，工业增长对煤炭的依赖逐渐减轻。2018年，鸡西市煤炭产业产值占规模以上工业的比重为41.4%，比最高时下降29.4个百分点。四大主导产业引领高质量发展，重点培育的石墨、绿色食品和生物医药等接续产业的比重逐年提高。四大主导产业增加值占规模以上工业比重77%，与2017年（2017年具体数值见表2）同比增长7.7%，对规模以上工业贡献率达79%。2018年石墨、绿色食品、生物医药三大产业产值占规模以上工业比重达到33.4%，比2013年提高5.9个百分点。

表2　　　　　　　2017年鸡西市四大主导产业增加值情况

	增加值（亿元）	增幅（%）	占规模以上工业比重（%）
规模以上工业	61.1	8.3	
四大主导产业	44.2	13.2	72.3
煤炭产业	32.5	8.6	53.2
石墨产业	4.8	28.1	7.9
医药产业	5.7	14.6	9.3
食品产业	1.2	4.3	1.9

3. 工业质量效益持续提升

2018年，鸡西市工业增加值同比增长6.1%，对GDP贡献率为29.5%，拉动GDP增长1.5个百分点。鸡西市全市新增规模以上企业9户，总量达到139户，全市规模以上工业增加值、主营业务收入、利润分别增长7.4%、17.0%和28.0%，工业投资增幅达到43.9%，达到了近年来的较高水平。规模以上企业工业增速排名居于"四煤城"之首（见表3），高于全省规模以上工业平均增速4.4个百分点。2018年规模以上战略性新兴产业企业户数为27户，同比增长10户。其中，涉及新材料产业、生物产业、新能源产业、节能环保产业分别为7户、5户、9户、8户。

表3　　　2018年黑龙江省"四煤城"规模以上企业工业增速

地区	增速（%）	省内排名
鸡西	7.4	5
鹤岗	7.3	6
双鸭山	4.8	9
七台河	6.8	7

4. 创新能力增强，提供工业转型升级内生动力

用科技创新站在产业制高点，在新一轮产业竞争中掌握主动权。创新驱动上，鸡西市围绕产业链部署创新链，围绕创新链培育产业链，"以政府为主导、以企业为主体，产学研一体化"的创新体系建设加快推进。依托石墨产业基础，成立国家石墨产品质量监督检测中心，又以之为依托，建立黑龙江省石墨产品标准化技术委员会，牵头成立全国石墨产业技术创新联盟。

充分发挥国家石墨产品质量监督检验中心、黑龙江省乐新石墨烯研究院、"中乌碳晶体重点联合实验室"等创新平台作用，大力推进省科学院鸡西石墨分院、唯大石墨烯院士工作站等创新平台建设，引导企业和科研院所对接、推动创新资源向企业集聚、创新人才向企业流动、创新政策向企业倾斜。与北大、中国矿大等国内知名院校、科研院所合作，自主创新研发推出一批适应市场需求，抢占行业制高点的新技术、新产品。2018年，规模以上工业企业开展创新活动的占比为17.7%，成功实现创新的占比为17.1%；全市高新技术企业13户，研发工业科技成果16项。

5. 营商环境优化，构筑工业转型升级根基

营商环境的便利化和法治化是企业生存发展的根本。鸡西市着力优化营商环境，构建"亲""清"新型政商关系，提升

政府服务水平。鸡西市制定出台了《支持民营经济发展的若干意见》和《鸡西市招商引资优惠政策》，降低市场运行成本，为企业营造稳定、公平、透明、可预期的营商环境。文件内容涵盖了民营经济发展中涉及的优化营商环境、扶持企业壮大、鼓励科技创新、加快产业转型、增强人才培育、加大金融支持六个方面。从扩大投资、做大做强、扭亏增盈等多个角度加大对招商引资和民营企业的扶持、支持力度。对重点发展的现代煤化工、石墨新材料、绿色食品深加工、生物医药等产业和"四新"经济项目加大投资和财政贡献奖励力度。

（二）鸡西市工业发展存在的问题

1. 工业生产能耗较高，污染较大

工业化为社会创造巨大财富，提高人民的物质生活水平，同时也消耗大量资源，给生态环境带来巨大压力，影响人民生活质量的进一步提高。由于矿产资源不可再生，使得鸡西目前面临资源耗竭的危机，资源产量的减少会在支撑新兴产业发展的问题上面临严重压力。传统产业依然存在高投入、高消耗、高排放、低效益的生产模式。规模以上工业六大高耗能行业能耗占地区规模以上工业能耗比重上升，2016—2018年鸡西市规模以上工业企业中，六大高耗能行业能耗分别为113.6万吨、117.8万吨、109.2万吨标准煤，占地区规模以上工业能耗比重分别为46.2%、46.4%、46.5%，2018年与2015年年末相比，占比提高了2.8个百分点。2015—2018年鸡西全市工业能耗占全社会的能耗比重均在60%以上。同时，简单粗放的资源开发模式还有所存在，对环境造成不利影响，出现采空沉陷、矿山尾矿综合利用不足等问题，特别是水资源耗费过多，污染严重，造成地下水系统紊乱，水位下降，一定程度上影响了城市水系统的平衡。

2. 产业集聚程度不高,竞争力不强

产业集群中,有竞争力的产业提升另一个产业是正常趋势,产业集群的竞争力大于各个部分简单相加的总和。鸡西市由于产业集聚程度不高,没有形成集群式发展,导致劳动生产率不高,竞争力不强。鸡西市18个工业行业大类中,产值过10亿元的行业仅有5个,5亿—10亿元的有2个,1亿元以下的则有9个。117个规模以上企业中主营业务收入超1亿元的企业61户,其中10亿元以上的仅有6户,5亿—10亿元的仅有4户。

3. 产业链条偏短,资源精深加工不足

资源利用多为初级加工、精深加工环节薄弱,2017年煤炭转化率约为55.4%,且大多数仅到洗煤阶段;煤炭产业链只到煤转电和煤转焦,煤化工处于空白状态。其他产业如农副产品加工只到脱壳、筛选,石墨深加工虽取得一定进展,但占鸡西市全市规模以上工业比重较小,对全市经济的拉动有限。经济效益依托基础开采,高端产品少,新兴产业发展不足,有效投资接续动力不足,产业转型升级压力大。具体见表4。

表4　　　　　　2017年鸡西市"原字号"产业发展情况

		增加值(亿元)	增幅(%)	占规模以上工业比重(%)
规模以上工业		61.1	8.3	
其中	粮头食尾	1.2	4.3	2.0
	农头工尾	0.8	28.7	1.3
	煤头电尾	9.5	−5.2	15.5
	煤头化尾	0.5	58.3	0.8

4. 科技投入低,缺乏核心技术

资源产业科技含量不高,企业转型发展内生动力不足,部

分企业面临融资困难、内部管理不完善、核心技术缺失的困境。尤其是小微企业，还存在家族式管理体系，管理相对混乱、内部控制不严谨、财务信息透明度低，难以通过科技投入研发高端产品来实现企业的转型升级。

（三）鸡西市工业绿色转型升级发展路径

鸡西市工业发展应调整优化布局、拓宽发展空间、促进产业集聚、培植产业生态，充分发挥市场机制作用，改造提升传统资源型产业、发展绿色矿业，鼓励发展战略性新兴产业，培育接续替代产业成为支柱产业，加快构建科技含量高、资源消耗低、环境污染少的产业结构和生产方式，生态优先，绿色发展。牢固树立绿色发展理念，坚持生态保护优先，在保护中发展、在发展中保护，通过发展绿色生态产业把生态资源优势转化为工业发展优势，走出一条生态优势充分发挥、人与自然和谐共生的工业振兴新路子，由单一的资源型经济向多元经济转变。

1. 形成绿色发展价值取向

价值取向决定价值标准和价值选择，是理念的重要组成部分。什么是绿色价值取向？习近平总书记关于"绿水青山"与"金山银山"的关系三个言简意赅的重要论断，对此作了生动阐释和系统说明。"绿水青山就是金山银山"，强调优美的生态环境就是生产力、就是社会财富，凸显了生态环境在经济社会发展中的重要价值。"既要金山银山，又要绿水青山"，强调生态环境和经济社会发展相辅相成、不可偏废，要把生态优美和经济增长"双赢"作为科学发展的重要价值标准。"宁要绿水青山，不要金山银山"，强调绿水青山是比金山银山更基础、更宝贵的财富；当生态环境保护与经济社会发展产生冲突时，必须把保护生态环境作为优先选择。坚持绿色发展，需要我们形成绿色价值取向，正确处理经济发展同生态环境保护的关系，牢固树立保护生态环境就是保护生产力、改善生态环境就是发展生产力的理念，更加自觉地推动绿色发展、低碳发展、循环发展。

2. 大力推动产业生态化

以实现工业高质量发展为方向，加快推动质量变革、效率变革、动力变革，构建绿色工业体系。推动传统产业转型升级，提高资源利用水平，用绿色化、信息化、服务化改造提升传统产业，促进"老字号"转型升级。大力发展战略性新兴产业培育新动能。加快污染产业改造，发展高新技术及环保产业，加速向知识技术密集型结构的转型。利用绿色生态技术调整工业产业技术结构。在工业领域全面推行"源头减量、过程控制、纵向延伸、横向耦合、末端再生"的绿色生产方式。在资源开采环节，实施绿色开采，提高矿产资源开采回采率、选矿回收率和综合利用率，推动共伴生矿、低品位矿和尾矿的综合利用。在生产环节，开展生态设计，推行清洁生产，强化重点行业节能减排和节水技术改造，提高工业集约用地水平，推广应用节材技术。在重点行业推广循环经济模式，积极打造循环经济产业链。在末端环节，在尽量减少废物排放的基础上，对排放的废物进行环保处置，做到达标排放。在一些重点行业实行生产者责任延伸制度，对产品包装物和消费后废弃的产品进行回收和再生利用。

3. 创新驱动工业转型升级

创新是引领发展的第一动力。通过科技创新和体制机制创新，优化产业结构，由主要依靠要素投入向创新驱动转变，以科技创新与业态创新为动力，发挥科技在经济发展过程中的引领作用、支撑作用。加快推进创新体制机制改革，完善工业协同创新体系。积极实行以增加知识价值为导向的分配政策，营造良好的创新、创业环境。强化创新载体，抓好高新技术产业化基地和科技园区建设，培育一批高新技术企业和科技型企业群体。发挥各类创新资源集聚效应，完善市场化运营机制、成果转化机制、知识产权协同运用机制，提升创新中心协同创新能力。推动科技成果产业化和资本化发展，积极探索利用股权、债权、运营补贴等方式，加快运营模式创新。加快科技创新成果转化，依托产业创新联盟，加快企业创新需求与高校、科研院所创新资源的深入对接。建立健全科技成果转化平台，重点推进新材料、生物医药领域的科技成果产业化。加快推动创新成果和人才向中小企业转化和流动。加快引导企业优化生产流程，鼓励企业开展新工艺、新技术和新产品的创新。尊重各类人才，紧紧围绕企业家、工程师、技术技能人才队伍建设，培养造就一支勇于创新、善于创新的工业人才队伍。提高工业企业R&D经费占主营业务收入比重。

4. 加快新型工业化步伐

坚持以信息化带动工业化，以工业化促进信息化，走出一条科技含量高、经济效益好、资源消耗低、环境污染少、人力资源优势得到充分发挥的新型工业化路子。推进工业产业结构战略性调整和优化升级，推进信息化和工业化融合。工业化是由农业经济转向工业经济的一个自然历史过程，存在着一般的规律性；但在不同体制下，在工业化的不同阶段可以有不同的发展道路和模式。党的十八大报告提出，坚持走中国特色新型工业化、信息化、城镇化、农业现代化道路，推动信息化和工业化深度融合、工业化和城镇化良性互动、城镇化和农业现代化相互协调，促进工业化、信息化、城镇化、农业现代化同步发展。党的十九大报告强调，更好发挥政府作用，推动新型工业化、信息化、城镇化、农业现代化同步发展。当前鸡西市正处于工业化中期，产业结构的特点是重工业所占比重较高，要遏制重工业产业中高耗能、高污染行业过快增长，促进经济结构调整以及增长方式转变，必须走新型工业化道路，加快转型步伐。

（四）促进鸡西市工业绿色转型升级的对策建议

实现生态文明与工业文明共同发展，加速信息化与主导产业的深度融合，推动传统产业新兴化和新兴产业规模化，在传统产业优化升级中培育发展新兴产业，以新兴产业助推传统产业转型升级，加强生态环境建设，推动绿色发展体系，大力发展循环经济，建立基于环境承载力的产业结构升级与空间优化关系，促进环境保护与经济发展互利平衡，助推鸡西市工业高质量发展。

1. 加快煤炭产业绿色转型升级

通过淘汰落后产能，强化煤炭产业转型升级。深化鸡西市煤炭产业供给侧结构性改革，摒弃高投入、高消耗、高污染、低质量、低效率的粗放式的传统发展方式，加快煤炭结构优化升级。按照淘汰关闭一批、整合改造一批、减量重组一批的原则，淘汰落后产能。积极发展先进产能，做好去产能与保供给的统筹。加快煤炭行业整治整合步伐，资源优化配置，关停不能达到年生产能力15万吨标准的煤矿，为通过"等量置换"方式建设年产15万吨以上中大型煤矿创造条件。以鸡西煤炭开采区深部及外围区域为重点加大煤炭资源勘探勘查力度。加快突破煤炭绿色智能采掘、煤层气抽采等领域核心技术。积极推广煤炭提质和分质分级、洁净型煤和高浓度水煤浆技术，提高煤炭利用效率。以热定电，科学有序推进民生供热，支持工业园区建设公用热电联产项目。实现传统能源绿色低碳利用，积极推进煤矿安全绿色开采。

2. 全力推动石墨产业向中高端发展

把石墨产业建成推动鸡西市工业转型发展的大产业和煤城未来的支柱型接续产业，带动区域产业结构优化和经济转型发展。以"企业集群化、产业规模化、产品高端化、要素集约化、发展绿色化""五化"为发展方向，全力推动石墨产业向中高端迈进。在石墨资源丰富的区域规划建设石墨产业园区。在已初步形成的蓄能材料、密封材料、超硬材料、传导材料、耐火材料五大产业链基础上，进一步做好石墨精深加工，大力推进高纯石墨、石墨烯的生产，发展防腐防辐射材料、净化筛分材料，以科技创新为引领，不断延伸产业链条，推动石墨产业向高科技含量、高附加值发展。以产业链和创新链协同发展为石墨产业高端化发展路径，培育新业态、新模式，发展特色产业集群，形成石墨等战略性新兴产业集聚发展新格局。强化科技产业园区建设和龙头企业培育，实现"龙头牵引—产业链整合—完善体系—集群发展"。集中扶持龙头企业，通过龙头整合上下游，推进产业集群发展，实现"技术网络、生产网络、市场网络"的融合，形成科技园区、产业社区、生活社区联动发展。加快唯大、贝特瑞等企业石墨续建项目建设，尽快释放产能，统一标准，培育"鸡西石墨"区域品牌。加强"墨都商城"电商平台建设。拓展营销渠道，打造石墨产品交易中心。推进清华大学鸡西石墨烯院士工作站、黑龙江省科学院鸡西石墨分院等院所建设，借助外部科技力量和科技人才加快高端石墨产业发展。

3. 打造绿色食品生产加工基地

依托农业资源优势，实施特色发展、全产业链发展，内创品牌，外拓市场。重点发展水稻、玉米、大豆、畜产品、酒饮料乳制品、山林水特产品精深加工六大类产业链。大力发展绿色食品加工产业，打造绿色食品产业集群。依托龙头骨干企业发展精致大米、米糠油、玉米高筋营养粉、玉米油及糙米系列、豆乳、豆粉等方便食品。依托汇源集团、娃哈哈公司发展乳制品。加快发展农产品精深加工，开发燃料乙醇、淀粉、异黄酮等产品。积极推进国投生物能源年产30万吨生物燃料乙醇项目建设。支持发展山林水产品精深加工，重点开发蜂产品、山野菜、食用菌等。发挥鸡西水产资源丰富的优势，对兴凯湖大白鱼、"三花五罗十八子"等水产品进行深加工，提升其附加值。推进珍爱紫苏油精深加工项目等。进一步加大招商引资力度，吸引省内外、国内外知名企业到鸡西投资绿色食品产业。推进标准化绿色食品产业生产基地建设。严格执行各项技术标准，从源头保证食品安全，使基地真正成为绿色食品产业的"第一车间"。加强质量监管，建设绿色食品可追溯质量安全体系。培育绿色食品产业化强势主体。重点开发地理标志品牌，集中打造和叫响一批绿色食品品牌。

4. 促进生物医药和中药产业发展

鸡西拥有主板上市企业珍宝岛药业及多家规模以上企业，近年来珍宝岛药业一、二期先后投产，三期正在积极推进，应依托珍宝岛药业和规模以上企业，把生物医药和中药产业发展作为鸡西绿色转型升级的一个支撑，集群化发展，规模化种植，品质化营销，深度升级医药产业，打造在省内和国内具有一定影响力的生物医药制造基地。

5. 大力建设生态循环产业园区

园区生态化、绿色化是绿色发展的重要平台和抓手。生态产业园区是继经济技术开发区、高新技术开发区之后的第三代产业园区。园区按照低碳、节能和环保的路径，以产业低消耗、低污染发展与生态环境协调为目标，利用废物交换、循环利用和清洁生产等手段，实现循环发展和能量多级利用，达到物质利用最大化及废物的零排放。建立完善园区内的自然生态系统、人工生态系统和产业生态系统，包括生态工业、生态农业和生态服务业之间形成的生态产业链。以经济效益、社会效益、生态效益协同提高为目标，促进煤炭与共伴生资源的综合开发与循环利用。坚持统一规划和集中高效管理，统筹矿区综合利用项目及相关产业建设布局，提升循环经济园区建设水平。

6. 以绿色金融支持工业转型升级

绿色金融注重环境保护和污染治理，是资源优势转化为产业优势的载体。绿色金融通过绿色信贷、绿色债券、绿色基金、绿色保险等多种金融工具和手段，运用强有力的激励惩罚机制，改善产业结构，引导社会资本流向绿色领域，为产业转型升级提供资金引导和支撑。鸡西市有煤炭、石墨等资源优势，可借助绿色金融将资源转换为资产，将资源优势转化为产业优势。应积极探索通过再贷款、差别存款准备金率、再贴现等政策性金融工具，增加金融机构绿色信贷资金对促进煤炭产业发展的有效供给。鼓励银行业金融机构积极调整信贷结构，通过信贷抵押担保方式推动金融产品创新，开发股权质押、保单质押、债券质押、仓单质押等质押贷款，引导信贷资金服务煤炭产业转型升级。完善绿色信贷标准、绿色信贷机制和操作流程，控制金融风险。重点为"煤头电尾、煤头化尾"项目、石墨精深加工项目和符合条件的关闭退出煤矿转型发展和改造升级煤矿提供金融支持。

五 鸡西市农业转型升级对策研究

2018年中央1号文件提出"实施质量兴农战略",2019年中央1号文件再次强调"推进农业由增产导向转向提质导向"。鸡西作为国家重要的粮食生产基地,在由传统农业向现代农业迈进中,必须秉持习近平总书记"绿水青山就是金山银山"的绿色发展理念,坚持人与自然和谐共处的科学发展观,着眼于绿色、优质、特色发展,通过市场化、产业化、科技化、集体化和外向化的路径选择,推进农业转型升级。

(一) 鸡西市农业发展现状

鸡西市位于黑龙江省东南部,总面积2.25万平方公里,辖3县(市)6区、48个乡镇、459个行政村。总人口172.7万人,其中乡村人口63.6万人。农业资源丰富,可耕地面积834万亩,人均耕地12亩。

鸡西市黑土广袤,雨水充沛,资源禀赋优厚,独具农业发展优势。地处黑龙江陆海丝绸之路经济带沿边环形产业聚焦带之中,加之密山、虎林两个国家级一类对俄陆路口岸,以及公路、铁路、机场所构成的比较完善的立体交通网络,为鸡西农业现代化体系构建提供了完备的发展条件。

1. 农业发展基本情况

(1) 农业产值

近几年来，鸡西农业产值不断上升，对地区生产总值的贡献率不断增加。2018 年，全市农林牧渔业增加值 189.3 亿元，比上年增长 6.5%。第一产业占 GDP 的比重为 35.4%，贡献率为 47.8%。

(2) 粮食生产

粮食生产能力不断提升，粮食生产取得"十五连丰"。2018 年，全市农作物播种面积达 732 万亩，其中，水稻 288.6 万亩、玉米 325.5 万亩、大豆 96.1 万亩、经济作物及饲草料 13.3 万亩。2018 年，粮食产量呈现"一增二减"态势。全市粮食产量达 68.8 亿斤，同比增长 9.1%，其中，水稻总产量 29.3 亿斤，同比减少 1.0%；玉米总产量 35.4 亿斤，同比增长 24.6%；大豆总产量 3.3 亿斤，同比减少 29.5%。

(3) 畜牧生产

2018 年，畜禽产品产量及饲养量比上年同期减少。肉类总产量为 7.5 万吨，比上年减少 7 万吨；禽蛋产量 2.6 万吨，与上年持平；生奶产量 1.1 万吨，约比上年减少 1.4 万吨。

生猪年末存栏 35.3 万头、家禽年末存栏 386 万头、大牲畜年末存栏 7.9 万头，其中奶牛年末存栏 0.5 万头，分别比上年同期存栏减少 22 万头、157 万头、4 万头和 0.3 万头。

2018 年，天然蜂蜜产量 144.5 万公斤，养蜂 9.14 万箱。

(4) 渔业生产

2018 年，水产品产量 4.85 万吨，渔业产值达 7.6 亿元；全市水产放养面积完成 58.7 万亩，其中地域特色水产养殖面积达 44.1 万亩。

(5) 农民收入

2018 年，鸡西市农村居民人均可支配收入区域性排名较高，位列全省第二。农村常住居民人均可支配收入达 18258 元,其中,经营性收入占 57%、工资性收入占 27%、财产性收入占 5%、转移性收入占 11%。

(6) 休耕轮作

为了有效保护和利用黑土地,贯彻落实国家"藏粮于地、藏

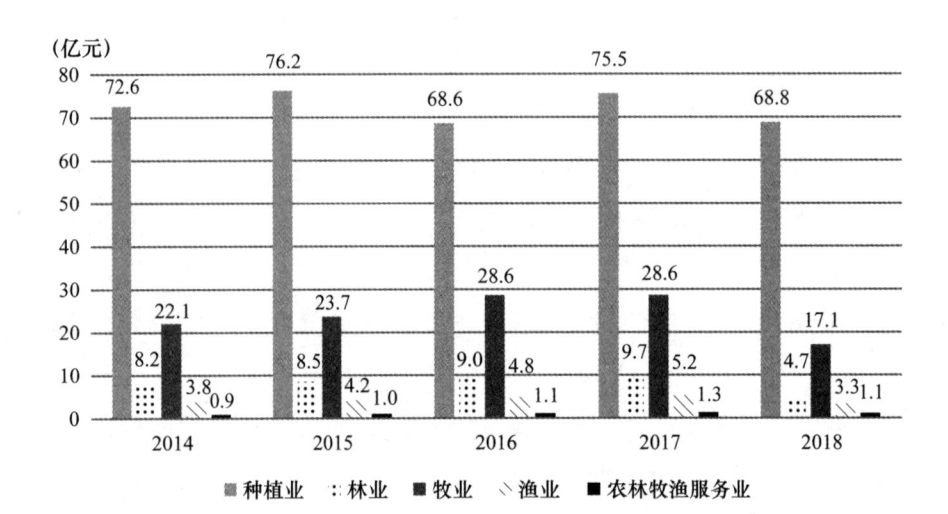

图 2　2014—2018 年鸡西市农业产值变化

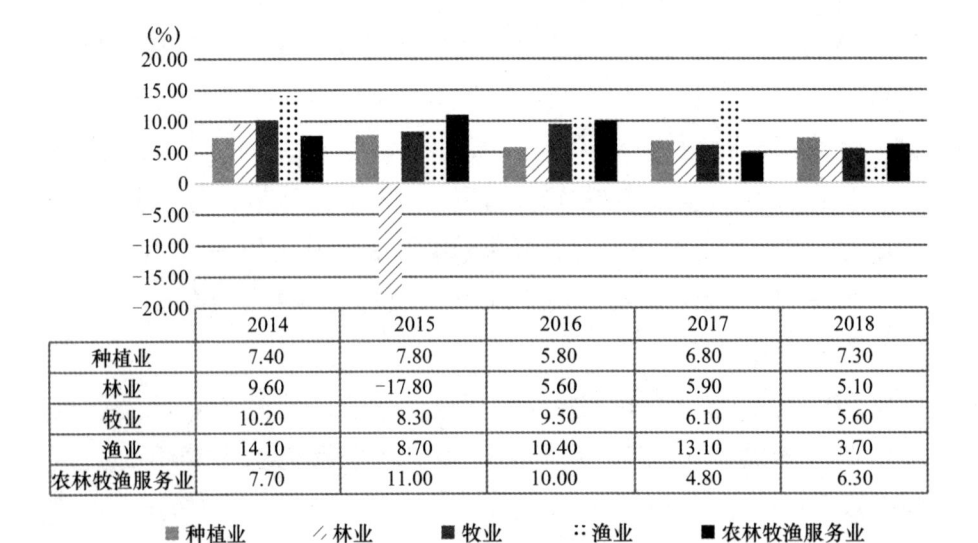

	2014	2015	2016	2017	2018
种植业	7.40	7.80	5.80	6.80	7.30
林业	9.60	-17.80	5.60	5.90	5.10
牧业	10.20	8.30	9.50	6.10	5.60
渔业	14.10	8.70	10.40	13.10	3.70
农林牧渔服务业	7.70	11.00	10.00	4.80	6.30

图 3　2014—2018 年鸡西市农业产值增长率变化

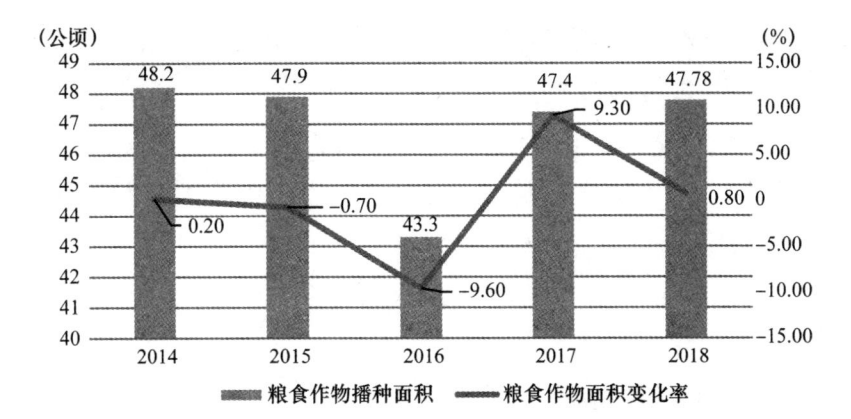

图 4　2014—2018 年鸡西市粮食播种面积

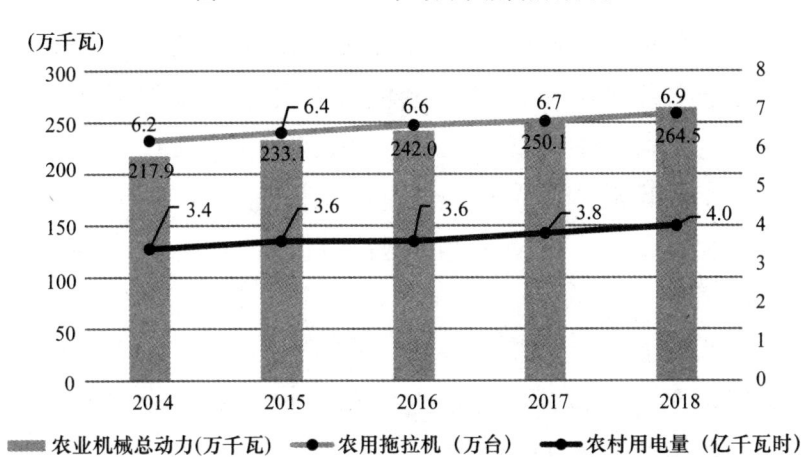

图 5　2014—2018 年鸡西市农业现代化情况

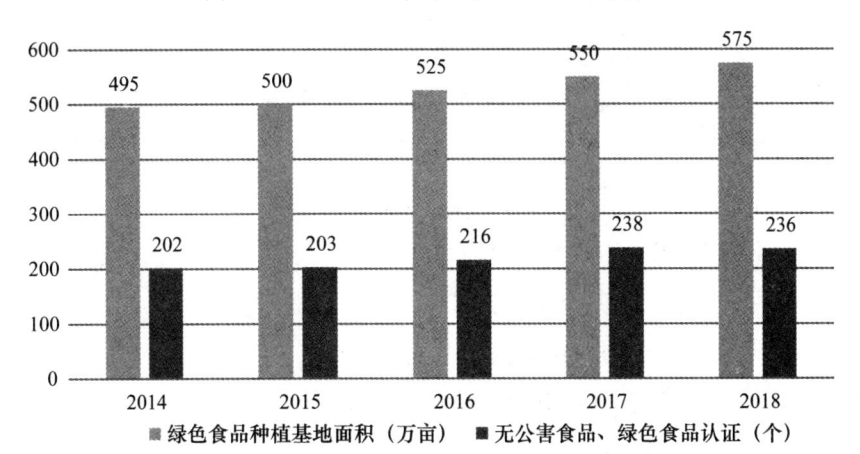

图 6　2014—2018 年鸡西市绿色农业发展情况

粮于技"战略,增强农业有效供给能力。2018年,全市开始休耕轮作3年的周期试点并加大投入力度,共获得补贴资金8020万元,进行30.8万亩的轮作试点和6.8万亩的休耕试点。2019年又适当扩大了轮作种植面积,在前茬玉米的基础上轮作种植大豆7.8万亩。

2. 农业发展特点

(1) 坚持绿色发展

生态环境优良是鸡西农业的最大亮点,位于东北黑土带上的732万亩耕地,土净田洁,有机质含量高,是绿色食品的理想生产地。多年来,鸡西坚持绿色发展理念,牢牢把握人与自然和谐共生的科学发展观、"绿水青山就是金山银山"的绿色发展观。由市委市政府主导健全机制、制定措施,列出"环境污染减法"命题清单,为农业生产创造良好的生态环境条件。域内虎林市国家生态农业示范区和密山市国家现代农业示范区,为绿色生态农业发展提供了有力支撑。2018年,全市绿色食品种植面积达575万亩,占可耕地面积的68.9%。全国绿色食品原料标准化生产基地240万亩。

(2) 加快产业化推进

农业经济转型升级重点在于产业化建设,在打造"一都五基地"的转型战略总体框架下,鸡西市把做强龙头企业作为推动绿色食品生产加工基地建设的核心,引进大企业、建设大项目,拉伸农业产业链、提升农产品价值链、拓宽农民增收链。通过产业化推进,构建农业现代化产业体系。目前,鸡西市级以上农业产业化龙头企业111户,其中国家级2户、省级30户。2018年完成农产品加工项目投资1亿元以上项目10个,其中省级绿色食品产业重点项目4个。

(3) 注重品质提升

在推进资源型城市转型中,鸡西市将发展现代农业作为转型支撑，坚持农业农村优先发展，深入落实乡村振兴战略，以农业供给侧结构性改革为主线，以中国饭碗装中国粮食为己任，着力发展质量型、效益型农业。从优质、高效、绿色、安全等方面入手，引导农业农村向高品质方向发展。一方面加大农药、化肥、除草剂"三减"示范基地建设力度，另一方面扎实推进高标准农田建设。2018年，全市绿色食品认证面积达270万亩，有机食品认证面积6万亩；"互联网+农业"高标准示范基地101个，面积23万亩，其中样板基地26个。2019年，全市高标准农业"三减"示范基地总面积预计达到117.82万亩、基地总数达到125个。

（4）农业外向型拓展

依托密山和虎林两个国家级一类对俄陆路口岸的优势，坚持境内境外联动，积极引进和培育一批有实力的进出口加工型企业，入驻农副产品、山产品、木材等进出口加工园区，推动进口、出口，扩大进出口货物量。目前，标准化农产品出口基地达29万亩。有5户企业与俄罗斯签订了土地合作协议，租种土地近100万亩，并建立了境外原料境内加工的延伸农业产业链模式。为落实"进口抓落地、出口抓加工"开辟新路径。

（5）农民收入稳增

鸡西市农民收入多年来保持全省较高水平并不断增长，从近6年来的数据可见，农村常住居民人均可支配收入在全省均排第二位。2018年，全市农村常住居民人均可支配收入18258元，比上年增长8.6%；比全省平均水平高4400元。6年平均增长水平高于全省1.3个百分点。

（二）鸡西市农业转型升级面临的挑战

1. 销售渠道难以打开

"种强销弱""质优价低"，农产品销售难成为掣肘鸡西农业经济转型发展的痛点。从线下看,一是品牌效应展示不足。具有影响力的农产品品牌较少,全市"三品一标"农产品数量达236个,其中中国驰名商标只有2件。尽管"兴凯湖大白鱼""虎林椴树蜜""虎林大米""珍宝岛大米"4个产品分别获得地理标志和保护产品标志,但由于知名度不高,仍少为市场关注,没有充分发挥出绿色品牌效应。二是市场培育难度较大。经过几年努力,鸡西在上海、重庆等省外大中城市建立了近200个农产品销售网点。但由于产品的影响力及美誉度较弱,加之市场监管不到位等复杂因素,影响产品的市场稳定性,销售增长波动,销售量出现收窄趋向。从线上看,"互联网+销售"模式起步较晚,电子商务发展迟缓。虽然全市电商、微商众多,但由于管理不规范、缺少专业人才及相应的技术指导,导致农产品上行艰难。

2. 农业产业低端徘徊

鸡西坚持农业产业化发展方向,努力推进农产品加工转化,仅2018年就开工建设食品产业项目29个,市级以上农业产业化龙头企业达111家。但在实际运行中,农业产业化经营对全市农产品品种调整、产品品质优化及产业结构升级并未带来明显带动效果。农业产业仍处于低端徘徊。一是产业趋同化明显。在区域产业布局中绿色食品和粮食加工企业体量远大于其他产业类型。30个省级以上重点农业产业化龙头企业中粮食和绿色食品加工类企业所占比重达70%以上。二是农产品加工初级化普遍。农产品加工仍停留在原字号、初加工和粗加工状态,农业产业链的组织化水平较低,产业链一体化程度有待提升。2018年,全市规模以上农副食品加工业总产值48.8亿元(不含农垦),农产品加工率只有28.3%,与国家要求的农产品加工业发展目标存在很大差距。

3. 环境保护压力较大

如何处理好生态环境保护与经济发展的关系是鸡西面临的难度系数最高的挑战。在肩扛推动经济转型发展重任的同时，还要守住生态环境保护的红线。一方面市委市政府在省委省政府的统一部署下，有效落实中央、省环保督察和"回头看"反馈问题整改，对兴凯湖国家自然保护区内2538亩违法开垦耕地实现还湿还草；全市恢复退化湿地27万亩。另一方面，在牲畜粪污治理水平低下的情况下，面临着畜牧业发展规模受限的挑战。

鸡西市地处黑龙江省湿地面积最大、最集中的分布区，区域内湿地生物多样性十分丰富，是许多珍稀濒危动物，尤其是水禽的重要栖息和繁殖地，是重要的湿地物种基因库和种群资源圃，也是黑龙江省生物多样性保护重要生态功能区。

根据《鸡西市湿地保护修复工作实施方案》的解读，按省政府公布的湿地名录，鸡西全市湿地面积223838公顷，其中国家重要湿地面积191864.33公顷、省级重要湿地面积1330.55公顷、一般湿地面积30593.68公顷。根据2017年发布的《黑龙江省湿地保护修复工作实施方案》和黑龙江省林业和草原局《黑龙江省湿地保护规划（2016—2020年）》的要求，地方政府履行属地管理职责，对湿地保护工作负总责。要严格湿地用途监管，确保湿地面积不减少，增强湿地生态动能，维护湿地生物多样性。鸡西市生态环境保护任务艰巨。

4. 缺少专业生产要素配置

美国经济学家麦克尔·波特的"钻石理论"将生产要素列为一个国家的某种产业具有较强竞争力的决定因素之一，认为生产要素包括人力资源、天然资源、知识资源、基础设施。波特将生产要素划分为初级要素和高级要素。初级生产要素是指天然资源、气候、地理位置、非技术工人、资金等。高级生产要素则是指现代通信、信息、交通等基础设施，受过高等教育的人力、研究机构等。高级生产要素或专业生产要素对获得竞争优势具有不容置疑的重要性。从竞争的角度看，波特认为越是精致的产业越需要专业生产要素，而拥有专业生产要素的企业也会产生更加精致的竞争优势。

根据波特的理论，从传统产业蜕变为具有持久生机和竞争力的产业，必须拥有高级专业人才，专业研究机构，专业的软、硬件设施等专业生产要素配置。生产要素获得的精致程度决定了竞争优势的质量。而高级专业人才的获得、专业研究机构的设立、现代科技的运用恰恰成为鸡西创新转型的短板。一是吸引和留住人才难。由于地域偏远等原因来到或回到鸡西就业的专业人才数量缺口很大。根据相关部门统计，近年来每年全市考上大学约 8000 人，但每年来到鸡西就业的大学毕业生只有 2000 多人。据估算，考去外地读书的孩子回到家乡就职的不到 10%。二是科技研究基础薄弱。由于改革及结构性调整等原因，八一农垦大学、鸡西矿院这两所本科院校和卫生专科学校于十几年前已迁出鸡西。目前，本市地域内仅有黑龙江工业学院 1 所高等院校和 5 家独立科研机构，由于科研人员比例偏低，科研创新能力明显不足。

（三）鸡西市农业转型升级路径选择

1. 强化市场竞争力

农村经济走市场化发展道路，是经济全球化背景下实现农业现代化的必然要求，也是中国社会主义市场经济体制改革的重要组成部分。改革开放四十多年来，中国农村经济经过市场的初级探索构建，到全面推进农村市场化建设，随着改革的不断深化，农村市场主体、农业生产方式和农产品交易方式等已经由单一逐渐向多元转化，农产品市场价格形成机制不断完善。

在新时代中国特色社会主义市场经济发展的关键期，鸡西农业要实现转型升级必须通过市场体系构建，逐步由以政府为主导转向以市场为主导，让市场在转型中释放出应有活力，破解转型中难题，发挥市场在农业资源配置中的决定性作用。

一是推进农业供给侧结构性改革。紧紧围绕市场需求结构的变化，根据消费者对农业及农产品的消费结构、消费层次、消费功能的需求，优化产业结构、调整产品结构、提升品质结构，差异化地提供产品与服务，增强农业有效供给能力。

二是解决"种强销弱""质高价低"难题。近年来黑龙江省各地区普遍走入了"种强销弱"，农产品"质优价不优"的销售"怪圈"，鸡西面临着同样的困惑。解决这一难题的有效办法是要依赖市场，通过市场传递或反馈的信息去把握市场进而争取掌控市场。首先要实施品牌战略，整合现有品牌资源，创立具有优势特色品牌，逐步扩大市场影响力。其次要进行产品市场定位，在品牌消费认知基础上，锁定目标消费群，确定产品目标市场。最后要进行市场拓展，培育新客户、扩大新渠道、开辟新市场，增加产品的销售量。

三是以市场为牵动，促进农村社会化服务体系建设。农产品市场的培育与拓展需要专业团队进行规划与实施。

2. 走产业融合发展之路

农村产业融合发展是实现农业农村经济转型升级的重要途径。农村产业融合发展是党中央、国务院作出的重要决策，是党的"三农"理论和政策的创新和发展。党的十八大以来党中央把农村三产融合发展作为实施乡村振兴战略、实现农业农村现代化的重要抓手。党的十九大报告作出了"促进农村一二三产业融合发展，支持和鼓励农民就业创业，拓宽增收渠道"的决策部署。习近平总书记在2016年5月视察黑龙江时指出了农业产业化发展路径，强调"要以'粮头食尾''农头工尾'为抓手，推动粮食精深加工，做强绿色食品加工业"，推动农村一二三产业融合发展。通过农村一二三产业融合，实现以农业为依托，以产业化经营组织为引领，以利益联结机制为纽带的产业联动、要素集聚、技术渗透、体制创新的农业产业化发展新模式，改变过去传统农业粗放经营、低端供给的局面，推动农业高质量发展。

改革开放四十多年来，鸡西第一产业产值比重始终保持在35%，但因其对第二、第三产业拉动能力较弱，以农业为基础的三产融合成为农业转型升级的迫切需要。农村三产融合发展，鸡西具备良好的基础和实力。一是农业产业化龙头企业发展势头强劲。目前，全市市级以上农业产业化龙头企业达111家，其中省级以上30家、国家级2家。2019年2月，密山市国家级农村产业融合发展示范园被国家发展改革委、农业农村部等七部委联合认定为首批国家农村产业融合发展示范园。二是部分工业企业资产优良为农业产业化提供基础条件。以农产品为原料的工业企业科技含量较高、生产设备先进，为第一产业与第二、第三产业连接，延伸产业链、提升价值链提供良好技术手段。区域内的珍宝岛药业、鸡西北药集团及娃哈哈集团等都是具有产业融合空间的合作伙伴。三是科技创新为农业转型升级注入新动能。"互联网+农业"改变了传统的农产品营销手段，拓展了营销渠道。截至2018年年底，全市共建立"中俄兴凯湖垂直购""兴凯湖特产购"等电商平台7个，并率先与省大米网完成对接；虎林绿都集团与阿里巴巴集团签订战略合作协议，推动农产品线上线下协同营销；2018年，省大米网鸡西市地方馆平台销售额在全省13个市（地）中排名第4位，农产品线上销售量2.1万吨，销售额2.2亿元。

3. 以科技为支撑构建农业生产体系

农业转型升级就是从传统农业向现代农业的转变过程，以现代科学技术为手段，用现代工业来装备，根据现代经济科学来管理，"创造一个高产、优质、低耗的农业生产体系和一个合理利用资源又保护环境的、有较高转化效率的农业生态系统"。农业转型发展需要建立在现代科学基础之上，一是科技创新是农业现代化的重要引领。习近平总书记在2018年9月25日来到北大荒建三江国家农业新科技园区视察时强调"农业要振兴，就要插上科技的翅膀"。2018年中央1号文件《关于实施乡村振兴战略的意见》指出，"大力发展数字农业，实施智慧农业林业水利工程，推进物联网试验示范和遥感技术应用"。"科学技术是第一生产力"，加快推进农业现代化必须要有科技进步和科技创新作引领，在大数据时代背景下，科学技术已经成为农业现代化的重要标志，也是农业现代化发展实力的体现。二是科技化是农业现代化的重要支撑。农业现代化关键在技术，科学技术以迅雷不及掩耳之势已经开始在中国农业领域渗透，生命科学、遗传科学、信息科学、先进制造与智能控制技术为现代农业发展带来革命性的变革。根据《全国农业可持续发展规划（2015—2030年）》的目标，到2020年农业科技贡献率达到60%以上，主要农作物耕种收综合机械化水平达到68%以上。智慧农业、数字农业、精准农业已经成为当今世界农业发展的新潮流，中国早在20世纪90年代就开始精准农业应用研究，精准农业在黑龙江农垦技术示范已有十多年，为现代科技在黑龙江省农业领域广泛应用产生引领效应。随着科技创新力的增强，农业信息化技术的不断应用，现代科技对改造传统农业、转变农业生产方式起到了极大的推动作用。

4. 加快发展设施农业新模式

随着科技不断创新和发展，数字农业、智慧农业已由前景快速地变为现实。通过采用现代化工程和机械技术手段，改变自然环境，并为动植物创造新的可控甚至最适宜的生长环境条件，进行的高效设施农业生产，已成为现代农业的重要标志之一。2019年7月，黑龙江省政府发布《黑龙江省"百千万"工程科技重大专项支撑行动计划》，涉及7个农业领域科技专项，其中"生物育种科技重大专项"和"智能农机装备科技重大专项"，将对由塑料大棚、日光温室和连栋温室式设施农业升级为自动化、智能化、机械化的具备人工升温、光照、通风和喷灌设施，并可立体种植的现代化的设施农业的发展起推动作用。

依托鸡西特色农业资源优势和设施农业发展基础，以及省政府农业科技创新的政策利好，应加快发展特色经济作物种植。通过实施"菜园工程""食用菌工程"等扩大蔬菜、食用玉米、黄花菜和云耳、蘑菇等种植面积；充分发挥珍宝岛药业龙头企业带动作用，扩大中草药种植面积，叫响鸡西甜菜、梨树蓝莓、梨树红小豆、滴道蘑菇等特色品牌，提高标准化生产水平，加强新优品种推广，提升特色农产品的市场竞争能力。

5. 加快发展农村新型集体经济

农村新型集体经济是"农村集体成员利用集体所有的资源要素，通过合作与联合实现共同发展的一种经济形态"，是社会主义公有制的制度表现形式。坚持社会主义公有制，必须发展农村新型集体经济，并不断健全和适应社会主义市场经济体制新要求。一是能够加快现代化农业体系构建。在农村新型集体经济组织的主导下，能够加速农业生产的机械化、产业化、科技化、信息化、生态化的实现进程，加速土地流转，促进土地集中、连片、规模经营，有利于采用现代的物质技术装备，实施产前、产中、产后各个生产环节的机械化、自动化作业，降低劳动强度、提高劳动效率，促进传统农业向现代农业转变。二是能够促进小农户与大农业有机衔接。以产权关系为纽带所建立起的新型集体经济组织，成为国家、集体和农民个人之间利益的联结体。农民变股民，使分散承包经营的小农户通过利益联结机制形成多种形式的经济发展体。通过入股或参股所形成的新型股份经济合作组织，将"僵尸社""空壳社"等有名无实的农民专业合作社覆盖，使分散的经济个体真正地融入现代化的规模经济运行当中，实现小农户与现代化大农业发展的有机衔接。

6. 探索外向型农业发展道路

粮食安全是世界性话题，也是永恒命题，关乎人类共同命运。中国用占世界9%的耕地，解决约占世界1/5人口的粮食问题，"人口、资源和环境的压力已表现得相当突出"。无论是从战略角度还是粮食安全方面的考量，都要建立农业"走出去"的思维。习近平总书记2018年9月25日视察黑龙江时强调"中国粮食，中国饭碗"。保障粮食安全要立足国内，同时要"统筹用好国际国内两个市场、两种资源"。2019年中央1号文件指出"加强推进并支持农业走出去，加强'一带一路'农业国际合作"，"培育一批跨国农业企业集团，提高农业对外合作水平"。近几年来，中国海外农业领域的投资不断增长，在澳洲、南美洲及乌克兰农业领域投资力度不断加强、农业合作协议不断增多。

鸡西具有较好的外向型农业发展的基础条件。首先是地缘优势，东和东南以乌苏里江和松阿察河为界与俄罗斯隔水相望，边境线长达641公里。其次是口岸和交通，密山当壁镇和虎林吉祥两个国家一类陆路口岸基础设施完善，并开通了对俄客货运输线路。最后是海外农业投资经验。全市已有5家企业具备境外投资许可，并已开始与俄罗斯签订农业合作协议。此外，农业机械化水平的不断提高和科学技术在农业生产领域的广泛应用，以及农业进出口加工园区建设和农业产业融合的不断加快，为鸡西农业"走出去"提供了更大的发展空间。

（四）推进鸡西市农业转型升级的对策

1. 转型发展规划先行

制定切实可行的农业转型发展战略性规划，是推进鸡西农业由传统生产方式向现代化农业转型的先决条件。用规划来设定农业转型的总体要求、转型目标、转型内容及保障措施等。规划的制定应切实、可行、重点突出、发挥优势、集中力量，以增强市场竞争力为主攻方向、以三产融合发展为主题、以科技创新为动力，使传统农业综合转型升级，加快推进构建农业现代化步伐。

2. 生态环境保护力度仍需加大

环境保护是中国的一项基本国策，为了经济社会可持续发展，达到人与自然环境和谐共生，必须增强环境保护意识，鸡西作为世界重要湿地物种基因库、种群资源圃和国家重要生态功能区，更要防止生态环境的污染和破坏。一是要继续加大退耕还湿还草力度。克服困难，耐心细致做好占地农民的宣传工作，解开其心锁、退还不应开垦的土地。二是努力减少农业面源污染。首先是要继续扩大"三减"基地建设面积，提高"三减"基地占可耕地面积的比重。其次要减少农业生产过程中废弃物的综合处理能力，包括牲畜的粪污处理及秸秆的综合利用，努力使秸秆"五化"实际综合利用率达到理论测算的70%以上。最后要运用新的科技手段保护环境。探索运用卫星遥感技术与计算机应用技术，获得生态环境污染的污染源和污染程度数据，采取有效措施防止并治理污染。

3. 人才培养刻不容缓

应优化人才政策体系，改革和健全用人体制机制。一是采取柔性人才引进策略。探索与省内外高校、科研院所、企业集团（包括黑龙江垦区）等联合共建人才基地模式，通过引进、借入、兼职等多种途径，弥补鸡西本地人力资本的不足。二是要提高专业技术人才职级待遇。首先应提高专业技术人才的收入水平，建立专业技术人才的正常收入增长和长效激励机制；其次还应提升专业技术人才的政治待遇。适当增加专业技术人才在党代表、人大代表、政协委员中的比例，对符合条件的专业技术人才，经遴选后可纳入党委和政府联系专家范围，按规定享受专家体检、休假等待遇。最后应提高专业技术人才的社会服务待遇。支持和鼓励专业技术人才创建工作室及其他形式的技术创新交流平台和开展交流活动，鼓励专业技术人才参与市场经营活动，为专业技术人才创新创业提供便利社会服务。

4. 联动垦区借力发力

鸡西是王震将军带领十万转业官兵开垦北大荒的第一站，经过三代人艰苦卓绝的奋斗，至今域内已有12个国营农场。多年的共生、共存、共建，形成了鸡西特有的垦区与地方经济、社会相互交融的关系。

黑龙江垦区在黑龙江省农业现代化的发展进程中举足轻重，作为国家队的黑龙江垦区在当好国家粮食安全"压舱石"以及创新驱动推进农业现代化体系构建方面具有超强实力，因此，参与或融入垦区农业产业体系建设中去，借力垦区的强大市场带动，能够加快农业提质增效、转型升级步伐。

六 鸡西市科技助推高质量转型发展的制约因素及对策分析

近年来，鸡西市深入贯彻落实中央和省委部署，大力实施创新驱动发展战略，全市科技实力显著提升，创新成果不断涌现，科技创新在推动经济发展、提升综合实力、促进民生改善中发挥了重要作用。特别是全市广大科技工作者，始终以强烈的主人翁意识和奋发有为的精神状态，积极投身科技创新和经济建设主战场，潜心砺学、艰苦创业，开拓进取、苦干实干，为全市经济社会发展做出了突出贡献。当前，鸡西市正处于加快转型升级、推动经济高质量发展的关键时期。鸡西市委十三届四次全会提出了突出"一条主线"、叫响"两张名片"、抓住"四个重点"、建设"一都五基地"的发展思路，鸡西市委十三届五次全会对打造转型发展升级版、推动全市经济高质量发展作出了全面部署。完成好这些目标任务，对科技工作提出了新的更高要求，也为广大科技工作者施展才华、建功立业提供了广阔舞台。

（一）鸡西科技创新发展现状

2018年，鸡西市对上争取科技项目资金超过1400万元，其中浩市新能源材料有限公司石墨合成碳晶新材料项目争取到500万元重大科技成果转化项目资金；鸡西市与黑龙江省农科院正式签订了"府院战略合作框架协议";在哈尔滨成功召开了黑龙江省北药产业技术创新联盟成立大会;全市科技企业孵化器总数达到14个,在孵企业总数达到337家。总体上看,鸡西市科技创新发展水平呈现向好趋势。

1. 科技创新政策环境日益优化

鸡西市委市政府一直高度重视科技工作,始终把科技创新摆在发展全局的核心位置。2016年,市委市政府制定出台关于大力促进高新技术成果产业化的意见;2017年,市政府印发了《鸡西市2017年科技创新驱动方案》;2018年,市政府又印发了《鸡西市2018年科技创新工作要点》;2019年,鸡西市制定了鸡西新一轮科技型企业行动计划。这些政策、措施出台后,进一步优化了全市科技创新驱动工作的整体布局,在资金、技术和人才等方面给予更加充分的政策保证和支持。

2. 科技创新主体不断壮大

2015—2017年,鸡西市全面实施"千户科技型企业三年行动计划",全市累计新注册成立科技型企业345家,新培育主营业务收入达到500万元以上的科技型企业81家,2018年鸡西市正式启动科技型中小企业评价功能,全市共有61家企业被评价为科技型中小企业,列全省第五位,共为企业减税一千余万元。鸡西市8户科技型企业获得省研发投入后期补助269万元,2018年鸡西市普晨石墨有限公司等两户企业成功申报国家高新技术企业,全市高新技术企业数量13户,位列全省第七位。

3. 科技创新能力有所提升

截至目前,鸡西全市共有独立科研机构5家,2个院士工作站,1个国家级生产促进中心,10个省级工程技术研究中心,3个省级重点实验室,1个省级工业园区,2个省级研究院,1个省级对俄交流科技中心。鸡西市还先后牵头组建了国家级石墨产业技术创新战略联盟和省级北药产业技术创新战略联盟，2018年，依托维大新材料有限公司，鸡西市成功组建黑龙江省乐新石墨烯研究院。黑龙江浩市圣莎拉钻石新材料有限公司与乌克兰国家科学院超硬材料研究所、黑龙江省科学院高技术研究院三方联合建立了中乌碳晶体重点联合实验室，并在哈尔滨市正式签约。

4. 有研发活动的企业增多

2017年全市共有规模以上工业企业110家。其中有R&D活动单位5家，同比增长66.7%。R&D经费内部支出略有下降，从研发类型看，鸡西市工业研发项目全部进入试验发展阶段，支出1447万元，同比下降2.4%。R&D经费外部支出2553.1万元，同比增长78.3%。其中，对境内研究机构支出318.4万元，同比增长59.9%；对境内高等学校支出285.1万元，同比增长273.7%；对境内企业支出1949.6万元，同比增长68.5%。R&D人员队伍稳定，人员合计93人，同比增长4.5%。其中女性54人，同比增长20%；参加项目人员76人，同比增长8.6%；管理和服务人员17人，同比下降10.5%；研究人员42人，同比下降8.7%。

5. 新产品开发项目增多

新产品开发项目不断增多，使用来自政府部门的研发资金大幅提升。新产品开发项目9项，同比增长125%。新产品开发经费支出2219.9万元，同比增长97%。使用来自政府部门的研发资金327.4万元，同比增长599.6%。发表科技论文391篇，拥有注册商标57件。

(二) 鸡西制约科技发展的瓶颈因素

鸡西市科技部门紧紧围绕转型发展升级版这条主线，以市委市政府的战略部署为指针，瞄准创新这一转型升级的基点，深入实施科技创新驱动发展战略，助推企业科技创新，激发企业活力，推动产业向高质量运行，提升了全市工业经济开局之战中的科技含金量。但与此同时，制约鸡西市创新科技发展的因素还有许多。

1. 科技创新能力不强

鸡西市曾经有黑龙江科技学院、黑龙江八一农垦大学等省属院校，以及卫生专科学校，十余年来，由于地域区位的劣势，这些学校相继搬迁到哈尔滨、大庆等城市，相应的科研创新平台也就不复存在，这给鸡西科技创新能力发展带来极大负面效应。目前，鸡西市地域内只有黑龙江工业学院一所高校，而且是刚刚升格为省属院校，原本以职业技术教育发展为主，科研能力和水平明显不足。此外还有5家独立科研机构，但是科研能力同样不强。

2. 科技人才流失严重

由于一些具有一定科研能力的高等院校相继搬离鸡西，相应的科技人才也随之离开鸡西。作为煤炭资源型城市，产业结构单一以及城市吸引力不足，近年来以鸡西为代表的资源型城市人才流失较为严重，有统计数据显示，各资源型城市中具有大学以上文化程度的人口已有25.9%流出，其中研究生及以上文化程度人口流出比例更高，达到42.4%。与此同时，流出人口中专业技术人才所占比例高于全省平均水平，约有11.5%流出，高学历者以及专业技术人员等人才外流严重制约了鸡西市科技发展水平的提升。

3. 工业企业科技研发活力不足

鸡西市目前面临研发机构不足，创新缺乏后劲的情况。鸡西市有R&D活动单位数仅有5家，只占全部工业企业的3.6%。没有研发机构，导致众多大型工业企业连续三年没有R&D活动。由此可见，鸡西市创新乏力，与黑龙江省其他地市相比有很大的差距；此外，2017年鸡西市工业企业研发的新产品产值与销售收入为267.4万元和291.3万元，分别下降75.8%和71.2%。由此可以推测，鸡西市工业企业的创新产品并没有打开新的市场。

（三）提升科技创新水平推动产业转型升级的对策建议

鸡西市要落实创新驱动发展战略部署，激发创新驱动内生动力，向高新技术成果产业化要发展，培育壮大"新字号"，把振兴发展的基点放在创新上，推动大众创业、万众创新向纵深发展，进一步提高鸡西市科技型企业的数量和质量，为现代化鸡西建设提供新动能，应从以下方面着手，推动科技创新发展，进而推动产业转型升级。

1. 加快科技企业孵化器和众创空间建设步伐

（1）科技企业孵化器和众创空间

以在孵企业和创业团队为服务对象，为其提供创业培训、创业辅导、政策咨询，提供技术研发、试制服务、经营场地、共享设施，开展政策、法律、财务、投融资、企业管理、人力资源、市场推广和加速成长等方面服务，帮助在孵企业和创业团队降低创业风险和创业成本，提高企业成活率和成长性，培养成功的科技企业和企业家。

（2）城镇转移就业职工众创空间和孵化器

利用原有的创业孵化基地、创业园区或腾退的办公用房、闲置厂房，扩大基地规模、完善硬件设施、增加服务功能，重点吸纳城镇转移就业职工入孵创业。通过提供创业政策咨询、创业项目推介、创业技能培训、融资对接服务，以及为创业者提供场地、水电等基础设施保障和企业诊断、财会审计、法律咨询、人力资源、管理咨询、市场推广等服务，重点扶持城镇转移就业职工创新创业。

（3）电子商务孵化基地

根据现有市场供需，吸引国内外电子商务和相关配套企业入驻，引入第三方专业团队进行运营，建设包括物流仓储、融资担保、孵化培育等公共服务的电子商务产业园区或孵化基地，引导和帮助其拓展销售渠道，丰富宣传形式，提升服务水平。

（4）农民创业服务中心

选择一批知名农业企业、合作社、小康村、农产品加工和物流园区等作为基地，为农民创业提供必要的见习、实习和实训服务，帮助其积累工作经验、提高创业能力，扶持农民创业。

2. 加快集聚入孵企业和创客主体

（1）推进高校毕业生、在校生等青年创新创业

支持大中专、高职院校学生组建创业社团，加强大学生创业教育、创业指导，鼓励大学生创新创业者进入大学科技园、众创空间等载体创业孵化，每年遴选和扶持一批优秀大学生创业项目，实现创业教育、创业指导、创业实践和创业实战的有机结合。

（2）支持企业高管及职工自主创业

推动创新型领军企业和行业龙头骨干企业借助技术、管理等优势和产业整合能力，面向企业内部员工和外部创业者提供资金、技术和平台，形成开放的产业生态圈。

（3）吸引国内外高层次人才创新创业

以人才引领、科技创业为主线，全面落实各项人才政策，集聚一批开创技术新路径、商业新模式和产业新质态的创业领军人物。

（4）鼓励鸡西籍在外人士返乡创业

应进一步做大做实业已开展三届的"金鸡归巢"（企业家回乡投资兴业对接洽谈会）活动在政策、环境、服务上提供更好的助力，吸引和鼓励更多的鸡西籍在外工作成功人士回乡创业、大学生返乡创业、有一技之长的在外务工人员返乡创业，大力推进农民创业，培育一批新型职业农民，推动"打工经济"向"创业经济"转变。

3. 引进各类社会资本投资

引导和鼓励各类天使投资、创业投资、担保机构、小额贷款公司等与孵化器和众创空间相结合，完善投融资模式。鼓励天使投资群体、创业投资基金入驻孵化器和众创空间开展业务，通过风险补偿方式引导天使投资、创业投资与孵化器和众创空间联合设立种子基金。支持科技企业孵化器和众创空间等创新创业载体建立天使投资（种子）基金，鼓励民营资本建立风险投资基金，使众创空间等创新创业载体成为天使投资和风险投资的创业投资集聚区。选择符合条件的银行业金融机构，探索为孵化器和众创空间内企业创新活动提供股权和债权相结合的融资服务，与创业投资、股权投资机构试点投贷联动。支持在孵企业通过资本市场进行融资。

4. 加快提升创业服务

第一，推进科技服务业集聚发展。为创业企业提供科学化、标准化、便利化的公共服务；建设创业云服务平台，为创业企业提供开放式科学文献数据、专利数据信息服务；打造创新实验室，为创业企业提供试验、检测、加工大型仪器设备等线上资源信息与服务；建设产品众筹平台，创新营销模式，展示和推销创客创意及产品，推广创新品牌。

第二，开展形式多样的创业培训。支持各类创业服务平台聘请成功创业者、天使投资人、知名专家等担任创业导师，对有创业意愿的大学毕业生、返乡农民工及处于创业初期的创业者提供创业指导和培训，推进创业培训进社区、进乡村、进校园。围绕"两黑一绿一药"等主导产业和地方特色经济，定期举办"大学生村官班""电商创业班"等专项培训班，大力开发品牌创业培训项目。

第三，为创业者提供"五送"服务，加大创业担保贷款和种子资金扶持力度。就业是民生之本，也是经济增长的动力源。为推动鸡西市就业形势整体稳定，建立以送政策、送岗位、送技能、送资金、送信息为内容的"五送"机制，鸡西市应坚持把"党委政府守初心、社会各界有爱心、职能部门有耐心、就业群体有信心"贯穿全过程，紧紧围绕企业、创业者、劳动者的就业创业服务需求，通过市领导以上率下树立"看我做，跟我干"的工作标杆，通过踏踏实实落政策、扎扎实实做服务，切实让企业创业者体会到扶持的热度。

5. 建设及完善相关产业发展政策

第一，在确保公平竞争前提下，鼓励对众创空间等孵化机构的办公用房、用水、用能、网络等软硬件设施给予适当优惠，减轻创业者负担。市、县（市）区政府在条件允许的情况下可对众创空间等新型孵化机构的房租、宽带接入费用和用于创业服务的公共软件、开发工具给予适当财政补贴，鼓励众创空间为创业者提供免费高带宽互联网接入服务。

第二，对符合条件的孵化器自用以及无偿或通过出租等方式提供给孵化企业使用的房产、土地，免征房产税和城镇土地使用税。符合非营利组织条件的孵化器的收入，按照企业所得税法及其实施条例和有关税收政策规定享受企业所得税优惠政策。

第三，丰富创新创业活动。鼓励社会力量围绕大众创业、万众创新组织开展各类公益活动。继续办好鸡西创新创业大赛，组织参加全省创新创业大赛等赛事活动，并积极支持参与国内国际有关赛事。为投资机构与创新创业者提供对接平台。建立健全创业辅导制度，培育一批专业创业辅导师，鼓励拥有丰富经验和创业资源的企业家、天使投资人和专家学者担任创业导师或组成辅导团队。鼓励大企业建立服务大众创业的开放创新平台。支持社会力量举办创业沙龙、创业大讲堂、创业训练营等创业培训活动。

第四，国有孵化器和众创空间在孵企业应具备国有孵化器和众创空间规定的入孵条件。国有孵化器和众创空间应当承担扶持科技人员、大学生和农民创客创业孵化的公益任务，为符合入孵条件的科技人员、大学生和农民创客提供免费或优惠价格的创业工位和孵化服务项目，减免的条件和标准要面向社会公开，让符合条件的科技人员、大学生和农民创客等创业者公平、公正享受优惠政策。

第五，对以科技成果产业化为主要内容，专业服务水平高、创新资源配置优、产业辐射带动作用强的孵化器和众创空间，根据孵化器和众创空间的综合服务绩效和软硬件设施成本给予后补助。

第六，鼓励创办新型孵化器，从专业化方向引导，以提升服务质量和服务功能为切入点，依托大学、科研院所、高科技企业创办适合鸡西地区经济特色的专业型孵化器；鼓励孵化器开展区域间的合作与交流，通过孵化管理模式输入、长期合作等方式，引进先进的孵化器运营管理模式，吸取先进的管理经验，创新孵化器运营管理模式；鼓励创新联盟落地孵化器，鼓励采取开放式众创、众筹等方式，将创新联盟与孵化器整合。

6. 建立健全助推科技创新发展的保障措施

第一，强化组织领导。建立鸡西市科技企业孵化器和众创空间建设联席会议制度，负责统筹推进科技企业孵化器和众创空间总体建设工作，研究协调、推进落实科技企业孵化器和众创空间建设的各项政策。由市科技局牵头负责建设科技企业孵化器或众创空间，由市人社局牵头负责建设城镇转移就业职工众创空间，由市商务局牵头负责建设电子商务孵化基地，由市农委牵头负责建设农民创业服务中心。

第二，加强人员机构建设。各孵化器和众创空间要设有管理机构和专职工作人员，鼓励引入高水平管理团队。国有孵化器和众创空间的工作人员，各级政府要保障其编制、工资及福利待遇，推出激励机制，拓宽晋升渠道，激发工作人员积极性。将引入高水平管理团队与提高现有管理团队水平有效结合，聘请省内外专业创业导师为孵化器管理人员进行培训，提高孵化器和众创空间从业人员的管理水平和服务能力。

第三，落实创新创业政策。依法依规放宽住所（经营场所）登记条件，在孵化器、众创空间等区域实行企业集群登记。完善和用活用足现有科技创新创业政策、财政政策、人才政策、税收政策、土地政策等。

第四，搭建创新创业平台。支持各类创业服务组织和机构围绕产业创新发展和大众创业需求，举办创新创业大赛、创业沙龙、项目路演、导师分享会、创业训练营等各具特色的创业竞赛和活动。开展优秀科技型企业及企业家评选活动，大力培育企业家精神和创客文化，增强全社会知识产权意识，在全社会形成浓厚的创业文化氛围。

第五，加强业务指导与服务。要加强对孵化器和众创空间的业务指导与服务，研究制定和落实推进孵化器和众创空间发展的政策措施。鼓励各地、各类主体积极探索支持孵化器和众创空间发展的新政策、新机制和新模式，采取分类指导，重点突破，增强示范带动效应。

总之，鸡西市各企业、科研单位、高校和广大科技工作者要聚焦加快转型升级、推动高质量发展，坚持以理念创新为先导、科技创新为核心、产业创新为基础、体制机制创新为保障，积极培育新经济、新产业、新产品、新模式。要强化产业技术创新，促进传统优势产业向中高端迈进。要深化科技体制改革，加快建立以企业为主体、以市场为导向、产学研相结合的技术创新体系，加速创新链、产业链、资金链、政策链、人才链深度融合。要加快科技成果转化，引进先进科技成果，加大科技对实体经济的支持力度，助力防范化解重大风险。积极主动参与到脱贫攻坚战中，因地制宜推广农业新技术、新品种、新模式，培育一批新型职业农民，把科技送到千家万户，提高农民科技致富的能力。

创新是科技进步的源泉。广大科技工作者要有强烈的自主创新信心和决心，勇于攀登科技发展高峰，推动自主创新实现新突破。要紧紧围绕"十三五"时期确定的全市重大科技专项来确定科技创新的主攻方向、任务目标，创造更多科技成果并用于经济建设，促进科技创新与经济社会发展深度融合。要立足当前鸡西发展实际推进自主创新，围绕石墨新材料、生态文化旅游、绿色优质高效农业、智能装备制造、生物医药、节能环保等产业，加强基础研究，重视原始创新，形成更多具有自主知识产权的核心技术，推出更多鸡西智造、鸡西创造，为鸡西高质量发展提供强大的科技支撑。

七 鸡西市提升绿色优势推进生态建设研究

在黑龙江省建设六大强省目标中,生态强省是其中一个重要方面。在生态强省建设工作中,包括自然生态资源保护、城乡环境治理以及生态产业发展三个主要内容。由于本报告其他部分也就生态产业建设有所论述,因此,这一部分主要将研究的重点放在自然资源保护及城乡环境治理,对鸡西市在转型发展的过程中,自然资源保护情况以及城乡环境治理的基本状况进行回顾,对面临的问题进行分析,并尝试提出一些对策和建议。

(一) 鸡西市提升绿色优势推进生态建设的基础

1. 生态资源、自然环境基础扎实

鸡西市位于黑龙江省东南部,属寒温带大陆性季风气候,东、东南以乌苏里江和松阿察河为界与俄罗斯隔水相望。鸡西市的生态情况可以用"四山一水一草四分田"来概括,即40%是山地,包括著名的完达山脉、鸡冠山;10%属于水域面积,以中国境内的大小兴凯湖为主,还有四条属于乌苏里江水系的河流;10%是绿地;40%是耕地。自然资源储备十分丰富。

一是天然森林、湿地、水域面积广阔。域内有林地1099.2万亩,森林覆盖率28%。自然保护区和森林公园面积达到

638.6万亩,有湿地、草场547万亩,水域面积424万亩。森林、湿地和水域面积加起来大约1.8万平方公里,而鸡西市总面积为2.3万平方公里,可见生态环境资源面积之广。

二是空气、水体质量较好。鸡西市空气质量优良,2014—2018年,空气质量达标平均天数为331.8天。主要污染天气集中在采暖期。鸡西境内乌苏里江水系2014—2018年处在轻度污染状态,污染源主要是生产和生活污水排放,水质在2014—2018年无明显变化。兴凯湖水质为V类,属于中营养。

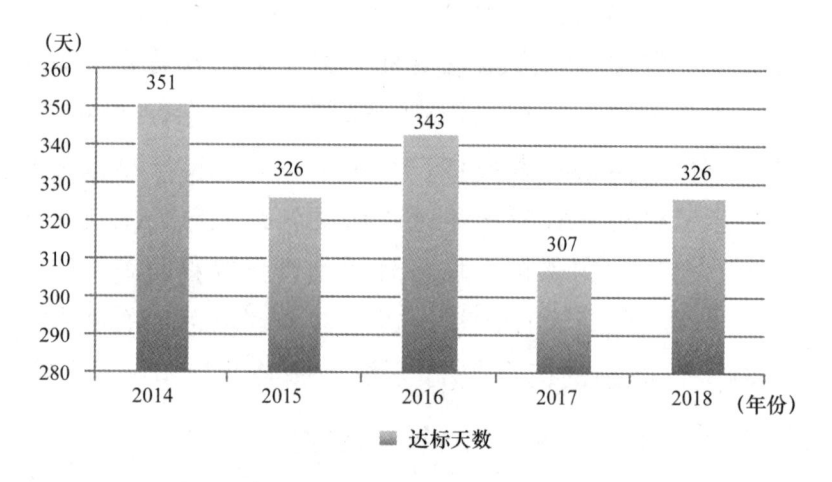

图7 鸡西市2014—2018年空气质量达标天数

资料来源:《鸡西市国民经济和社会发展统计公报》(2014—2018年)。

三是国家级自然保护区众多,物种丰富。兴凯湖、珍宝岛、凤凰山、东方红为国家级自然保护区,其中兴凯湖国家级自然保护区被联合国教科文组织确定为世界级生物圈保护区,已列入国际重要湿地名录。鸡西市国家级保护区内有国家重点保护动物30余种,其中6种为国家一级保护动物,包括丹顶鹤、东方白鹳、金雕、白尾海雕、东北虎、原麝。

2. 城乡环境治理水平普遍提高

一是高度重视农村环境污染问题,切实加强农业面源污染治理。鸡西市地处三江平原，有大片的水稻种植区，需水量较大的水稻种植也是农村面源污染的重点领域。调研组走访参观了"十三五"国家重点研发计划——东北粮食主产区农业面源污染综合防治技术示范、农业面源污染综合控制核心试验示范区，据技术人员介绍，目前研发了在水稻种植过程中使用的侧深施肥、振捣提浆等技术，提高农药化肥使用率，从根源上做到降低15%的农药、化肥使用量。在水稻排水的过程中还进行了技术拦截，以对抗农药化肥残留对水体的污染。其中，部分技术已经开始进入应用推广阶段，可以预期未来在水稻种植方面农药化肥的污染程度将大幅度降低，农民的生产成本也将有所降低。

二是城市、农村的环境治理基础设施都有不同水平的提高。由于城乡基础设施建设水平不断提升，环境治理工作也取得了较大进展。鸡西市在全省范围内较早地开始实行"厕所革命"，仅2018年，鸡西市区内就建设、改造公厕42座，其中新建水冲公厕13座，移动式水冲公厕18座，维修改造水冲公厕9座，移动式大巴公厕2座。鸡西市在农村人居环境改善工作中也做到了全省领先，从2015年开始，鸡西市各级财政投入补贴资金7300万元，全市2.2万户农民新建"农村一体化水冲厕所"，在全省范围内率先开始了"厕所革命"。在调研中，笔者了解到，农户建设室内厕所的资金由市级政府划拨一部分、县级补贴一部分、村民自费出资一部分，即可完成厕所改造。对于大部分农村居民来说大大地改善了生活条件，提高了人居环境质量。近年来，鸡西市先后实施了采煤沉陷区棚户区治理、城市供水等民生工程，其中采煤沉陷区棚户区改造惠及6.7万户居民，城市供水工程惠及76.8万名群众，彻底解决了群众喝不上优质安全饮用水的问题。调研组调查走访了东风村，由于原村子大部分住房都位于采煤沉陷区，危房众多，该村新建了三栋住宅楼，整村搬迁，并且住宅区还建设了村部、垃圾处理场地、文体娱乐场地，全村面貌焕然一新。

3. "一都五基地"绿色产业多方位铺开

一是推动全方位多元化绿色产业链形成。鸡西市加快产业转型升级，着力建设"一都五基地"，打造了具有地方特色的绿色产业，将其作为绿色发展和资源型城市转型的重要途径。调研组走访了多家大型绿色食品基地，中粮集团、娃哈哈集团等大型企业的进驻，为鸡西市绿色食品产业的发展提供了良好基础，研发出一系列具有较高品质和口碑的产品，带动了绿色食品深加工产业的发展，现已形成了布局比较合理、门类相对齐全，包括水稻、特种玉米、大豆、经济作物、山产品、畜产品、北药七大产业的绿色产业集群。同时，各个企业和各级政府部门积极在销售渠道上做文章。在走访中，笔者了解到，鸡西新闻传媒集团做大绿色平台，以电视、广播、报纸、网络为媒介，以鸡西域内丰富的文化产品、绿色产品为依托，构建了珍宝岛电视购物商城，推广、销售鸡西市绿色食品。密山有一位销售人员通过直播平台每年盈利几十万元。可见，鸡西市已经形成了极富地方特色的绿色产业链，正在逐步走向更高、更广的发展平台。

二是绿色产业管理逐步进入正轨。绿色产业管理是发展绿色产业的重要一环，尤其在绿色食品领域，管理水平直接影响到产品质量，是产业成败的关键。调研组在实地调研中，提出了"这里的大豆、玉米等原材料能否保证是非转基因食品"的问题，密山市主管农业的副市长作了肯定的回答：首先要在耕种时期把好种子关，严格管控转基因种子的进入，其次是在种植阶段，做好排查。通过管理上层层把关，确保绿色产业发展基础的稳固。另外，在一些新兴绿色产业上，管理部门能够及时制定标准、提升水平，比如2016年，鸡西市政府提出了"两黑一绿一药"四大产业加速成长，打造绿色食品生产加工基地的工作目标。市质监局积极与市农委协调、配合,组织市农业生物工程研究所和市蚕蜂技术指导站的相关专家起草了《绿色高效养蜂生产技术规程》和《绿色食品保护地草莓生产操作技术规程》两项农业地方标准,做到了有章可依,保证了绿色食品产业的健康发展。

(二) 鸡西市提升绿色优势推进生态建设的困境

1. 新旧开发"欠账"较多,多头管理权责不明

鸡西市在自然资源、生态环境领域具有天然的优势,具有河流、湖泊、土地、山脉、矿藏、森林、野生动植物等多种资源,但由于鸡西属于资源开发型城市,也存在很多自然资源和生态环境保护的困境,使自然生态系统难以保持平衡,主要有两方面因素:一是环境保护历史"欠账"较多。由于鸡西市原为煤区,是黑龙江省四大煤城之一,长期采煤挖矿,破坏了原有地形地貌,引起地表塌陷、水源污染等一系列问题。2018年,黑龙江省以强有力的措施关闭15万吨以下小煤矿,坚决淘汰落后产能,小煤矿整顿关闭的脚步不断加快,但鸡西、鹤岗两地仍然存在洗煤废水排放进入河流、粉煤灰不当存放等污染环境问题。[①] 同时,新兴产业也存在环境污染问题,从2015年起就有石墨开采企业由于环境污染问题被查处、关停。调研组在石墨企业调研中发现,目前的石墨产业在技术上还不成熟,广泛应用的行业还没发展起来,所以一些大型开采企业只是先拿到了开采权但是并未实施开采计划,相应的环境保护措施也就还未跟进,至于少数开采企业,也还停留在原材料输出阶段,收

---

① 《暗访鸡西、鹤岗两煤城:洗煤废水排放河流 粉煤灰不当存放污染环境》,2018年8月6日,人民网,http://sn.people.com.cn/n2/2018/0806/c378296-31899364-2.html。

益有限，难以支持先进的环保设备和管理。二是在自然资源管理方面具有多头管理的情况。鸡西市丰富的自然资源，如森林资源、矿产资源等，分属地方政府、农垦、森工三套体系，山水林田湖草往往有多家管理部门，而部门之间权责不明又容易造成开发与保护不能协调并行，因此导致资源浪费、环境污染等问题。

2. 环境治理任务艰巨，体制机制遭遇瓶颈

鸡西市在提升绿色优势推进生态建设的过程中，城乡环境治理是其中重要一环，各级政府也花费了大量人力物力，力争建设一个环境友好、资源节约的社会环境，但在实际工作中还是存在一些治理瓶颈，制约了城乡环境治理工作的顺利开展。一是在农村环境治理中，农民参与环境治理的热情不高。在调研走访的过程中，多位基层工作人员反映过相类似的问题，即农村人口流失严重，部分农村常住户大幅度减少。在一些农村家庭中，很多中青年劳动力在农耕时节耕种土地，农闲时进城务工，甚至还有一些家庭把土地租赁出去，出于子女教育、个人发展等原因直接搬迁进城，留在农村的老年人也随着年纪增长逐渐丧失劳动能力搬去城里子女家中居住。所以在这样人口流动频繁的农村地区，农民对于改善人居环境的热情不高。比如，有农民认为自己已经不会在农村家中长期居住，"厕所改造"的需求不强烈，但出于平等起见，应该把政府投资的"厕所改造"的费用直接折现发给个人。当然，这样的想法缺乏合理性，但是从中可以看到部分农民对于农村环境治理的认识是消极的，这就影响了农村环境治理工作的开展。

二是城乡环境治理手段单一，政府不仅是主导还是主力。从基层调研来看，无论城市居民还是农村居民，对于环境治理工作的基本认识还停留在"应当由政府来做"上，但从政府环境治理工作的角度看，无论人力物力都已经加大了投入力度，

从目前北京、上海等大城市实施的垃圾分类处理情况来看，以鸡西市目前投入的人力物力是否能够完成未来必然推行的垃圾分类工作？如果再加大投入，政府财政是否能够承担？这些都是鸡西市城乡环境治理在管理体制、机制上面临的瓶颈。

三是环境治理的技术还不成熟，城乡环境污染治理水平还有待提升。鸡西市地处三江平原，有大面积的水稻种植田，在农业面源污染治理上已经开发出了一些新技术，但面源污染还是未来需要面对的主要污染问题。比如水稻振捣提浆技术虽然能够在一定程度上解决秸秆问题，但还不够成熟，人工振捣到土壤中的秸秆由于温度的原因，短时期内不能完全腐烂还田，对水稻种植仍有影响。诸如此类正在探索中的克服农业面源污染的技术能否尽快地改变面源污染现状，一方面是决定未来绿色农业、绿色工业发展的主要因素，另一方面对于治理土壤污染、水源污染以及维系当地动植物生存环境等一系列生态环境问题也将产生难以估量的影响。

3. 绿色产业品牌难觅，经营发展比较初级

在调研过程中，我们发现鸡西市的绿色产业正处在发展初期，龙头企业不多，数量偏少，辐射面狭窄、带动能力不足。绿色产业大致可以分为三类，一是基础绿色产业，包括传统意义上的环保产业、清洁产品生产以及废弃物回收再生产业；二是创新绿色产业，包括新兴绿色产业以及通过升级进入绿色产业的传统产业；三是生态绿色产业，包括生态农业、生态工程等产业。鸡西市的绿色产业主要在第二类和第三类中，虽然涵盖面比较大，但发展还比较初级，很多品相好的特色产品还没能被市场接受，许多绿色产业还停留在提供原料的阶段，品牌效应不明显，经营粗放。主要表现在三个方面：

一是叫得响的名牌产品少。鸡西市经过多年努力，已经初步形成了一些产业基地。调研组参观了中粮集团、娃哈哈集团、

青岛啤酒等大型企业在鸡西产业园区的工厂，这些企业在规模和生产能力上取得了很大成绩。但是诸如"兴凯湖大白鱼""密山大米"等叫得响的品牌还比较少，在同类行业中没有打开鸡西特有产品的知名度。

二是生产水平比较初级，主要是原材料供应和初级加工。在绿色食品加工厂，调研组看到很多鸡西特有的绿色农产品，营养价值丰富，极具特色，但主要还是比较初级的产品，比如大米、粗粮、豆奶等产品，缺乏精加工和深加工产品，削弱了产品的竞争力。

三是宣传力度不足，经营较为粗放。比如旅游业，在鸡西市政府的大力推动下，鸡西旅游业喊出了"谜一样的乌苏里江，海一样的兴凯湖，美丽鸡西不一样的江湖"宣传口号，但外界对鸡西生态旅游的认知较少，信息获取不多；同时，在具体的旅游路线设计、沿途设施、饮食住宿环境和管理等方面与国内开发较早、管理先进的旅游景点还有很大差距，导致消费者的消费体验和消费价值感都比较差。

（三）鸡西市提升绿色优势推进生态建设的对策建议

1. 注重顶层制度设计，提高自然资源管护质量

一是处理好分类管理与综合管理的关系。一方面，依据自然资源的基本属性，应加强其分类管理，针对不同种类的自然资源属性差异，强化、明确分类、分级的资源管理机制，避免多头重复管理。尤其是综合管理还在试验发展阶段，在能源资源方面实现综合管理还有很大差距，所以要在地方政府各部门之间实现自然资源管护权责划分，管理和保护权责清晰，才能降低管理成本，提高管理效率。另一方面也要加强自然资源的综合管理。以自然资源基本属性为基础，强化综合调查和评价，

在此基础上，强化资源、能源的综合管理。二是采取"边修复边补偿"的策略，对于已经开发的煤矿，尤其是一些大型的、开发较久的煤矿，进行恢复土壤绿地，对矿区道路进行植树绿化，恢复和改善植被，同时对一些废弃矿坑责令乡镇主导进行治理；对于矿区以外的地区，规定一个合适的距离，划定义务植树区，完成生态补偿任务。引导企业成为造林绿化的主体，减轻各级财政的压力，完善矿区的绿化，同时，以经济手段、政策手段鼓励民众参与，在合适地段选择经济树木，以租赁方式交给当地居民或社区组织，也能够在一定程度上增加收入。

2. 改革环境治理体制机制，形塑绿色生活方式

一是在推进农村环境治理的过程中，要多听取基层工作人员和群众意见，看到各地区村屯情况的差异，具体问题具体分析，对于经济情况、人口情况都不同的村屯采取不同的环境治理标准，通过分级治理方法达到整体环境的改善。比如，根据《黑龙江省农村人居环境整治三年行动实施方案（2018—2020年）》所提出的美丽宜居型行政村、改善提升型行政村、基本保障型行政村，给各地行政村以明确划分。通过初期调研，将经济状况和常住人口情况作为主要标准，对于不同层次的村庄实行不同的人居环境整治标准，一方面可以提高村庄环境治理的可操作性，提高环境治理效率，避免由于资金、技术、人力等资源不到位而影响整体治理效果；另一方面也能够尽可能避免未来个别村屯由于人口流失而逐渐消亡，大量投入资金带来不必要的资源浪费。

二是在城市和农村环境治理工作中，注重教育、宣传的重要性，提升居民环境意识，积极推广绿色生活方式。比如当前社区垃圾回收工作正处在试点阶段，首先，要构建全社会共同参与的社会氛围，治理旧污染源的同时，也要大力防范新污染源的出现。如对快递盒、餐盒、电子垃圾等新污染源治理须多措并举，同时更应当注意社会价值观的构建，形成自觉维护环境、自觉参与保护环境的社会氛围。其次，倡导绿色生活方式。越来越多的数据表明，固体废弃物、废水排放量已经由过去的以生产领域为主转向了以生活领域为主，也就是说越来越多的垃圾和污染是在生活领域产生的，因此，反对奢侈浪费，通过树立绿色家庭、绿色公司、绿色社区等一系列绿色生活方式的行动，在全社会倡导绿色生活方式也是提供优质生态产品的根本途径。

三是要提倡多元主体共同参与环境治理，尤其要重视社区、社会组织的力量。事实上，与社会组织相比，发动社区力量参与环境治理具有天然的优势，一方面，环境与资源都是社区内部成员共同享受的，从"产权私有"的角度讲，社区成员能够自动形成利益共同体，来治理污染、抵制污染，因此，社区环境治理具有最强的凝聚力；另一方面，有研究表明生活污染已经逐渐超过生产污染，因此，社区作为生活的主要发生场所，能够最近距离、最快速度地发现、治理污染。从这两个方面看，在黑龙江省发动社区参与环境治理，借助社区的力量要比培育、发展一批环保社会组织更为有效和快捷。当然，环保社会组织、社区和公众的力量都不容小觑，甚至大众传媒也是环境污染治理主体的一个组成部分。因此，仍然要坚持环境治理主体多元化发展，并根据实际情况，有重点、有区别地引导、扶持、培育社区、社会组织和公众共同参与环境治理。

3. 挖掘产品文化意涵，打造本土特色产品

一是在产品深加工上做文章。针对鸡西市"好大米卖不出好价钱"的问题，一方面要对产品进行深加工，推出更多品类的产品，另一方面也要找出核心竞争力，打出主推产品、塑造名牌产品。同时，加强产品的文化内涵，赋予更多的符合当代人需求的消费创意。充分利用互联网平台，打造具有本土特色、

具有不可替代性的绿色食品。

　　二是在新兴产业领域提升管理水平，合理有效利用资源。鸡西市的石墨矿藏丰富，已经发展出一些石墨产业，但石墨企业也存在污水排放等污染问题，要确保新兴产业不走传统开采业先污染后治理的老路，就要在产业发展的过程中做好监督管理工作。

　　三是在绿色旅游与红色旅游上做文章。所谓绿色旅游就是把鸡西市的自然资源转变为旅游资源，按照习近平总书记"既要绿水青山，也要金山银山，而且绿水青山就是金山银山"的科学论断，有计划地开发鸡西市特色的寒地旅游项目、两江两湖等资源。红色旅游就是把鸡西市的珍宝岛自卫反击战、红灯记发祥地、开发北大荒等革命历史文化题材作为旅游资源，结合历史，注重体验式观光旅游。首先，要在旅游开发上下功夫，将绿色旅游与红色旅游相结合，设计丰富、合理的旅游线路，在全社会广泛搜寻新奇有趣的旅游创意，用文化创新带动旅游业发展；其次，要在旅游服务上下功夫，加强旅游服务业的管理水平，避免粗放无序经营，给国内外游客营造良好的旅游环境；最后，要在宣传上下功夫，尤其要利用好新媒体资源，让优秀的旅游资源为更多的游客熟知。

八 鸡西市文化旅游产业融合发展研究

党的十八大以来，中国文化旅游产业不断向上发展，需求不断增长，市场规模不断扩大，发展模式日趋多元。中国政府颁布了一系列旨在推动文化旅游产业发展的政策，不断推进文化旅游产业发展优化升级，更好地满足人民群众的精神文化消费需求，不断提升国民的旅游服务能力。目前，文化旅游产业已经成为中国国民经济中发展速度最快和具有明显国际竞争优势的产业之一。

黑龙江省委在《关于贯彻"八字方针"深化改革创新推动经济高质量发展的意见》中提出了加快建设文化强省、加快建设旅游强省的要求。鸡西市作为拥有丰富自然旅游资源和悠久独特文化资源的边疆生态城市，在新时代，对于文化旅游产业实现更深入的融合发展，助力城市转型，实现高质量发展有着迫切的需求。

（一）鸡西市文化旅游产业融合发展的重要意义

1. 推动产业转型升级，促进经济全面繁荣

文化旅游业是第三产业中的核心产业，鸡西的第三产业占地区生产总值比重的上升与文化旅游产业的发展密不可分。文化旅游产业可以带动地方经济发展、加快信息交流、促进社会文明程度提高、带动基础设施建设，大力发展文化旅游产业是

鸡西市加快产业结构转型升级的必然选择。文化旅游业是集吃、住、行、游、购、娱等要素于一体的行业关联性很强的综合产业，文化旅游业的发展会对其他行业有明显的直接和间接带动作用，积极培育文化旅游产业，不仅可使鸡西城区的旅游景点和相关行业（旅馆业、旅行社业、餐饮业、交通客运业、娱乐业、商贸业、零售业等）得到快速发展，而且文化旅游经济会辐射到建筑业（如旅游业的发展需要建设酒店、宾馆、度假村等）、工业（如酒店业发展带动了诸如客房、餐厅物品的需要）、农业（如游客对吃、喝等基本的需求）、种植业（如农业旅游中对绿色食品及采摘活动的需求）等各个方面，促进经济的全面繁荣。

2. 提升城市形象，提高城市美誉度

文化旅游业的关联性产业的特征要求注重基础设施的建设和完善，便捷的交通、流畅的信息通信、方便的生活设施、优美的城市环境、高品质的公共服务水平既是旅游业发展的基础，又有利于提升城市的品牌形象。近年来，鸡西市在完善城市建设、提高公共服务水平和塑造城市形象方面取得了很大成绩，以旅游促进城市形象营销，能够使鸡西的优美景致、多彩文化更好地推向全国、推向世界，从而更有力地提升鸡西在国内外的城市形象。

3. 增加社会就业，促进社会和谐发展

文化旅游产业是一个综合性经济产业，也是现代服务业的重要组成部分。文化和旅游的发展可以增加域内的人流、物流、资金流和信息流的流动，发展文化旅游产业能为社会提供大量的就业机会，是稳定社会发展的重要途径。根据加拿大学者史密斯的系统模型理论，旅游业收入每增加3万美元，就将增加1个直接就业机会和2.5个间接就业机会。世界旅游组织研究报

告也指出，旅游业每增加 1 个从业人员，相关行业就增加 5 个就业机会。鸡西是一座拥有优质旅游资源的边境口岸城市，它所蕴含的无穷魅力将吸引大量旅游者到访，带来众多的商机和就业机会，旅游业发展将成为解决城市就业问题的一条重要途径。

4. 促进文化传承，推进文化创新

文化旅游产业融合发展是文化传承、保护与创新的重要渠道。旅游业开发过程中，需要梳理和修整各类文化资源，挖掘和保护古城古镇、特色村落，进而以新颖的内容形式、经营业态和传播手段表现出来，使文化资源的内在价值充分展现给游客，因此，旅游发展有利于文化资源传承保护和改革创新。随着一系列人文遗址旅游、特色文化旅游项目的相继开发，鸡西厚重的历史文化将得到更加生动的展现和大力弘扬。

5. 保护生态环境，实现可持续发展

文化旅游产业是一种资源节约型、环境友好型产业。发展旅游业，资源消耗少、环境成本低，一般不会对资源和环境产生直接的硬消耗，有利于自然文化资源和生态环境的永续利用。对于鸡西而言，文化旅游业的发展对推动产业结构调整优化升级具有重要意义，可以替代部分资源消耗大、污染重的传统煤炭产业，减轻污染排放、减少生态破坏，实现市域经济可持续发展。

（二）鸡西市文化旅游产业发展基础

1. 自然生态环境优良、自然旅游资源品质优越

鸡西市拥有森林、湖泊、河流、湿地、冰雪等生态旅游资源。境内兴凯湖是亚洲最大的淡水界湖，总面积为 4380 平方公

里（中国拥有 1240 平方公里），烟波浩渺，气势磅礴，是国家级自然保护区和国家地质公园，被拉姆萨尔国际湿地公约组织列入国际重要湿地名录，被联合国教科文组织确定为世界生物圈保护区，是东北亚鹤类保护区网络成员；有近百公里长的兴凯湖沙滩，被上海大世界吉尼斯总部评为中国最长的沙滩；大小兴凯湖之间的湖岗公路是国内少有的天然生态廊道景观；兴凯湖盛产素为历代皇帝贡品的大白鱼，久负盛名。乌苏里江是全长 909 公里的中俄界江，流经鸡西 202 公里，蜿蜒曲折，恬淡悠远。珍宝岛湿地容纳了三江平原地区所有的生物物种，享有"同纬度地区最完美、最具复合性、保存最完好"的美誉，与城内的兴凯湖湿地、东方红湿地位列黑龙江省 9 处国际重要湿地和"全省最美湿地"之中。珍宝岛，不仅自然风光秀美，更因其承载的历史而驰名中外。月牙湖，千亩寒地野生荷花佳境，不是江南胜似江南。神顶峰，完达山脉主峰，海拔 831 米，迎接祖国东方第一缕曙光，日出、松涛、云海，奇观异景，辉映吉祥。2019 年 9 月 20 日，由国际旅游联合会主办的 2019 文旅融合发展大会上，鸡西被评为"最美中国旅游城市"，黑龙江省仅哈尔滨和鸡西获此殊荣。

鸡西的自然旅游资源由地文景观（湿地、森林）、水域风光（界江、界湖）、生物景观、气候景观等组成，整体呈现大气、辽远的地脉和优良的生态环境，从数量、类型、品质各方面来看，均十分优越。从资源开发价值角度来看，兴凯湖、乌苏里江的水域风光旅游、中俄边界旅游、湿地观鸟旅游、农业科普旅游都是具有体验性、趣味性且有益身心的旅游活动，具有较强的市场吸引力，符合现代人回归自然的需求，开发价值极高。

2. 历史人文底蕴丰厚、人文旅游资源独具一格

鸡西是满族祖先肃慎人发祥地，有 7000 年前新石器时代的新开流遗址，满族祖先肃慎人在兴凯湖畔创造了渔猎文明，被中国文联、中国民间艺术家协会评为"中国肃慎文化之乡"。这里是第二次世界大战终结地，侵华日军虎头地下军事要塞于1934—1939年由被强迫的数十万中国劳工秘密修筑而成，1945年8月26日被苏联红军攻克，见证了第二次世界大战终结的历史。这里是共和国空军的成长地，密山东北老航校为中国培养了王海、刘玉堤将军等一大批航空人才，展示了人民空军光荣的发展史，被誉为共和国航空事业的摇篮。这里是北大荒精神发源地，20世纪50年代，王震将军亲自在鸡西地区八五〇农场点燃了第一把荒火，并在密山火车站广场进行开发北大荒动员大会讲话，兴凯湖当壁镇景区王震将军纪念馆展示了王震将军率师开发北大荒的丰功伟绩。这里是珍宝岛精神的诞生地，"祖国利益高于一切、一不怕苦、二不怕死，生命不息、冲锋不止"的珍宝岛精神，成为中国军人捍卫祖国领土完整的历史丰碑。这里是百年煤炭开采历史集结地。

特殊的地理区位使得鸡西拥有独特的边境文化、农垦文化、红色文化和少数民族风情，是鸡西旅游发展的独享优势，也是鸡西旅游持续发展的重要支撑。

3. 内外交通较为便捷

鸡西市航空、铁路、公路立体交通网四通八达，现已开通了至大连、天津、北京、青岛、上海、沈阳、广州、哈尔滨的空中航线；直达北京、大连、哈尔滨、齐齐哈尔等城市的旅客列车；鸡西至乌苏里斯克、密山至卡缅雷博洛夫、虎林至列索扎沃茨克的国际旅游班车；鹤大高速公路途经鸡西，市域内多条高速公路通连景区，增强了可进入性；正在规划建设的"牡佳快速铁路环线"竣工通车后，将大大缩短鸡西至省内高铁沿线城市的时间。此外，鸡西还有长达641公里的中俄边境线和密山、虎林两个国家一类陆路口岸，距离俄罗斯滨海边疆区首府、远东地区最大军港城市——符拉迪沃斯托克（海参崴）仅300多公里，通过异地办证政策，体验异国风情游十分便捷。

（三）鸡西文化旅游产业发展态势分析

在文化旅游产业发展上，鸡西认真贯彻落实习近平总书记"绿水青山就是金山银山、冰天雪地也是金山银山"的理念和深入推进东北振兴座谈会重要讲话精神，以及省委、省政府和国家旅游局（现文化和旅游部）的一系列决策部署，着力建设"生态旅游度假基地"，打造"生态旅游名城"名片，全市旅游经济继续保持健康高位增长，旅游产业发展迈上新的台阶。

1. 旅游市场稳步扩大

2013年以来，鸡西旅游产业发展态势良好，旅游产品日渐丰富，旅游服务水平持续提升，综合吸引力不断提高，旅游市场供需两旺，发展结构更加优化。2013—2018年，鸡西累计接待国内外游客5277.2万人次，年均增长速度达到10.9%，接待国内外游客在2017年首次突破1000万人次（见表5）。人数规模快速增长，客源结构持续优化，为旅游经济效益带来显著提升。

表5　　　　　　　　鸡西市接待国内外游客情况

年份	接待国内外游客人数（万人次）	同比增长（%）
2013	667.0	10.1
2014	732.8	9.9
2015	816.7	11.5
2016	903.4	10.6
2017	1030.3	14.0
2018	1127.0	9.4

资料来源：鸡西市国民经济和社会发展统计公报。

从国内客源市场上看,游客以黑龙江本省为主,尤其偏向黑龙江东部地区,省内客源城市包括哈尔滨、大庆、牡丹江、佳木斯、伊春、七台河等,省外以吉林、辽宁游客为主,兼有北京、上海、山东游客。在游客偏好上,前往鸡西的游客主要偏好湿地生态和亲水娱乐两大类型的旅游产品。在出游时间上,由于鸡西冬季严寒,旅游活动主要集中在每年4—10月,十一黄金周过后游客数量迅速下降,进入淡季,各种旅游项目、经营活动基本停滞。

从国外客源市场上看,鸡西市目前入境客源市场以东北亚临近国家为主。鸡西东部、东南部与俄罗斯接壤,迥异的民族文化吸引、便利的可达性使俄罗斯人成为鸡西旅游的直接客源。根据现有市场统计分析,俄罗斯游客对鸡西的旅游偏好以兴凯湖、湿地等观光旅游产品及美食、中医养生等文化旅游产品为主,行程多与商贸、会议相结合。值得一提的是,俄罗斯远东地区大多数居民选择前往中国旅游的季节性特征并不明显。

2. 旅游收入快速增长

旅游业总收入持续快速增长,2013—2018年年均增长17.95%,增速大幅领先于经济增长速度。其中,2018年实现旅游业总收入74.8亿元,较2013年增长了136.7%,占到第三产业增加值的34.47%。旅游产业占地区生产总值比重不断攀升,由2013年的5.53%上升至2018年的13.98%(见表6)。旅游收入占全省比重由2013年的2.28%上升至2018年的3.39%。旅游产业对经济发展的带动作用进一步凸显,已成为鸡西市转型发展的重要支撑。

表6　　　　　　　　鸡西市旅游业收入情况

年份	旅游业总收入(亿元)	同比增长(%)	占地区生产总值比重(%)
2013	31.6	12.4	5.53

续表

年份	旅游业总收入（亿元）	同比增长（%）	占地区生产总值比重（%）
2014	34.8	10.2	6.74
2015	46.2	32.6	8.98
2016	55.6	20.4	10.73
2017	66.9	20.3	12.62
2018	74.8	11.8	13.98

资料来源：鸡西市国民经济和社会发展统计公报。

3. 景区布局初步形成

近年来，依托界江、界湖、湿地、森林等自然生态资源和地域历史文化内涵，全市旅游业不断发展。整体来看，以沿兴凯湖、乌苏里江为重点，以生态、文化观光产品为主要形态，形成了一批错落分布的 A 级景区群。目前，有国家 A 级旅游景区（含森工和农垦）19 个，其中：4A 级景区 6 个，分别为兴凯湖当壁镇景区（隶属农垦 8510 农场）、虎头地下军事要塞、密山北大荒书法长廊、密山铁西森林公园、麒麟山、东方红旅游区（隶属森工东方红林业局）；3A 级景区 5 个，分别为兴凯湖新开流、凤凰山景区、市动植物园、恒山国家矿山公园、858 千岛林（隶属农垦 858 农场）；2A 级景区 4 个，1A 级景区 4 个。景区内部及周边区域基本具备行、游、住、食等服务功能。虎头珍宝岛景区创建国家 5A 级景区、国家全域旅游示范区均已通过初评。形成了生态观光、避暑养生、休闲度假、候鸟康养、红色文化、异国风情、冰雪健身等系列特色产品体系。现有旅行社 42 家，星级宾馆饭店 9 家。

4. 品牌形象显著提升

珍宝岛湿地、东方红湿地、兴凯湖湿地位居黑龙江省十大最美湿地前列，兴凯湖—虎头乌苏里江—珍宝岛湿地—珍宝岛产品线路已纳入全省面向国内主推的夏季旅游重要产品线路中。

随着鸡西市连续两年持续加强省内外旅游推介宣传,"美丽鸡西——行走不一样的江湖"品牌知名度和影响力不断增强,逐步受到东北区域以外特别是南方旅游客源市场的关注和实地体验。

5. 文化产业渐具基础

初步形成了新闻出版、广播影视、休闲娱乐、文化艺术等文化产业体系。2016 年,全市文化产业增加值 14 亿元,文化企业单位 9177 家,其中法人单位 392 家,产业活动单位 105 个,个体户 8680 户,从业人员 3 万余人。"兴凯湖冬捕""鸡西大冷面"被认定为省非物质文化遗产。版画、根雕、布雕、兴凯湖砂石画、兴凯湖观赏石、木质工艺品等多次获得各类展会奖项。有文物遗址 356 处,其中国家重点保护遗址 2 处,省重点保护遗址 5 处,革命文化遗址 15 处。

(四)鸡西市文化旅游产业发展的机遇与挑战

1. 两大机遇

中俄两国领导人于 2009 年共同批准《中华人民共和国东北地区与俄罗斯远东及东西伯利亚地区合作规划纲要》以来,中俄两国之间的交流合作得到了极大的深化,在丰富两国旅游线路、推动边境地区旅游、延伸旅游线路、增加旅游项目产品及研究开发界河游等方面取得了积极进展,这为鸡西市入境旅游及文旅产业融合发展提供了良好机遇。

2014 年 8 月 9 日,国务院出台《关于促进旅游业改革发展的若干意见》,指出"旅游业是现代服务业的重要组成部分,带动作用大。加快旅游业改革发展,是适应人民群众消费升级和产业结构调整的必然要求,对于扩就业、增收入,推动中西部发展和贫困地区脱贫致富,促进经济平稳增长和生态环境改善意义重大，对于提高人民生活质量、培育和践行社会主义核心价值观也具有重要作用"。重点提出完善旅游发展政策，加强旅游基础设施建设、加大财政金融扶持、优化土地利用政策、加强人才队伍建设等。国家进一步促进旅游业改革发展的大环境和持续快速增长的文化旅游消费为鸡西文化旅游产业融合发展提供了重大的政策机遇和广阔的市场前景。

2. 三大挑战

一是差异化发展挑战。鸡西市的旅游资源与周边地区存在较明显的同质化现象。从东北地区来看，东北大地自然旅游资源丰富，拥有长白山、五大连池、扎龙、向海湿地、大兴安岭等高知名度资源，给鸡西的核心旅游资源（湿地、森林湖泊、河流）的开发带来了一定的阴影效应。从黑龙江省旅游资源层次上看，湿地、河湖类资源较多且品质极高；口岸众多，拥有绥芬河、漠河等各类边境口岸；牡丹江是中国著名的雪乡和避暑度假胜地，这些同类型旅游资源的开发项目可能对鸡西的旅游发展造成遮蔽效应。如何充分挖掘自身独特优势，开发具有市场竞争力的旅游产品，用差异化发展来实现区域的互利共赢，是鸡西市旅游发展面临的一大挑战。

二是全季化发展挑战。全季化发展是区域旅游长期高效发展的必然选择，是鸡西市旅游发展的重要挑战。全季化发展的目标是区域旅游发展不存在明显的淡旺季之分，高峰期与低谷期尽管依然存在，但两者的绝对差值保持一定范围内的均衡，全年四季游客量都较为丰富。全季化发展对鸡西市的旅游资源整合、产品开发、营销推广等各方面都提出了较高要求。

三是可持续发展挑战。良好的生态环境是发展旅游业的基础，鸡西市生态环境优良，大湿地、大森林、大江湖等自然资源是重要的旅游吸引物，但同时也是较为脆弱的珍贵资源。如何在坚持生态环境保护的前提下，合理地选择旅游开发模式和方法,达到社会效益、经济效益与生态效益三者统一,是鸡西市旅游产业可持续发展所面临的重要挑战。

(五) 鸡西市文化旅游产业发展存在的问题

1. 景区建设处于初级阶段,资源转换景区步伐不大

"有资源,没产品"是鸡西目前面临的最大问题之一。虽然兴凯湖、虎头珍宝岛等景区建设取得了一定的成果,但总体来看,鸡西市还有相当丰富的文化旅游资源暂未被"激活",许多景区建设还处于初级阶段,开发方式较为粗放,深度不够,表现形式单一,活动内容单调,多观光少互动,多游览少体验,文化旅游资源的规划、保护、开发和项目建设步伐滞后,未能使文化旅游资源优势有效地转化为产品优势。特别是生态旅游开发不足,冬季冰雪旅游缺乏支撑这两大短板,制约了鸡西文化旅游产业的长期发展。

2. 旅游饭店等服务设施不完善,服务水平不高

鸡西市文化旅游产业发展取得了较大进步,但仍处于起步阶段,产业规模小,旅游服务配套不足、功能不全,例如,旅游饭店团队接待能力不足,宾馆饭店总体硬件配套和软件服务水平较低,缺少中高档商务接待场所和成规模的餐饮集聚区,文化旅游商品及购物设施开发力度不够、旅游娱乐活动偏少等,远不能满足文化旅游业跨越式发展的客观需要,距离建立知名旅游目的地的目标差距较大。

3. 文化旅游产品不够丰富,市场针对性不强

现阶段鸡西市的文化旅游产品类型结构比较单一,而且存在重复建设的问题,传统观光旅游产品占据主导地位,其他文化产品规模较小,地缘优势没有得到体现,造成旅游产品构成

的比例失衡。要增强鸡西旅游市场竞争力，改变市场开发滞后局面，就要以市场需求为导向调整和优化旅游产品结构，形成多品种、多形式、宽领域、复合型的产品组合，打造能真正吸引国内外游客的拳头旅游产品。

4. 对俄旅游发展迟缓，口岸旅游功能开发不足

鸡西是一座边境城市，与俄罗斯毗邻，边境线长达641公里，是中国东北最主要的边境城市之一；兴凯湖及乌苏里江两大景区均处在国境线上，发生在界江、界湖上历史风云变幻的传奇故事也是吸引国内外旅游者最重要的人文资源。目前，鸡西市的密山、虎林两个国家一类陆路口岸的边境旅游异地办证工作已通过国家有关部门验收，但由于鸡西市尚未开发出与边境和口岸优势相匹配的旅游产品，出入两个口岸的游客人数不多，这是鸡西旅游最具潜在开发价值的一个空白点，应予以足够重视。

5. 旅游基础设施建设刚起步，配套服务不全

鸡西旅游相对起步较晚，虽然加大了对旅游基础设施的建设力度，但仍存在较大的提升空间。在旅游交通方面，兴凯湖机场航线较少、运输力有限，铁路交通为单线行驶，提速空间不大，行驶时间长，且在旅游旺季购票困难；缺乏完善的旅游住宿及餐饮服务设施，服务水平偏低；此外，旅游娱乐及购物设施建设相对滞后，亟须完善。旅游基础配套设施不完善的问题，会导致产业流动性的下降，最终影响到旅游产业效益的提升。

6. 管理体制复杂多样，发展旅游认识不齐

目前鸡西市各景区权属关系不一，带来了管理职权不对称、规划调控艰难等问题，缺乏集开发、管理于一体的旅游景区管

理机构。各区块在决策上自行其是，缺乏合力，造成管理不畅，旅游管理效率低下，对大范围培育、开发和整体形象营销均产生了严重的不利影响，旅游产业的整体规划及其实施受到了多方制约。

（六）促进鸡西市文化旅游产业融合发展的路径

当前和今后，要认真贯彻落实习近平总书记"绿水青山就是金山银山、冰天雪地也是金山银山"的理念和深入推进东北振兴座谈会重要讲话精神，以及鸡西市委、市政府着力建设"生态旅游度假基地"，叫响"生态旅游名城"名片部署，进一步转变观念，理清思路，优化资源整合配置，完善旅游服务功能，推动文旅产业深度融合，实现文化旅游业持续快速健康发展。

1. 坚持绿色发展理念

按照"多做减法、慎做加法"的原则，坚持生态旅游发展之路。重点发挥龙江东部湿地旅游联盟作用，整合资源，提升量级，做好湿地游，叫响品牌。在保护生态资源环境的前提下，除了景区必要的基础和配套服务设施项目外，不搞大规模开发建设，保持景区景观的原生态风貌，为全力打造鸡西转型发展升级版助力。

2. 强化市场主体支撑

合理配置旅游资源，破除体制机制束缚，坚持市场化方向发展，探索研究建立科学的旅游发展新机制，推进资源资产和产业走向市场。首先，推动兴凯湖生态旅游功能区保护。以深化与首旅集团、泛华集团旅游合作为重点，加快推进新组建的兴凯湖国际旅游公司对沿湖相关资源资产完成接收管理工作，在确保国有资产保值增值的前提下，建立由兴凯湖国际旅游公司负责景区日常运营管理，兴凯湖管委会负责景区行业监管，重大事项由公司董事会研究决定的总体机制，以此确保在兴凯湖景区发展方面迈出新步伐。在此基础上，针对麒麟山、市动植物园、儿童公园以及其他景区大多为事业单位，即将面临事业机构改革工作的实际，借鉴先进地区深度整合利用旅游资源，统筹规范景区运营管理，搭建旅游投融资平台的发展经验，由市旅游部门牵头，开展以兴凯湖国际旅游公司或其他机构为主体，整合吸纳域内良性旅游资源资产。其次，加强旅游项目谋划及招商。在适当功能区域谋划兴凯湖水上参与性游乐、自驾游营地、房车露营地、湖滨乡村旅游民宿、度假小村、景区外部公路等项目，对相关项目开展招商或对上争取工作。

3. 文旅互补，融合发展

以文促旅，因旅兴文，文化和旅游功能互补、相互融合、共同发展，要在文化旅游的过程中探索旅游业发展的新思维、新创意，构建功能互补的产业融合模式。以旅游产业做基础，提高旅游资源品质，增强服务能力；以文化产业做依托，提升旅游资源的文化底蕴，增强对旅游者的吸引力，推动文化事业的繁荣发展。"文化搭台，经济唱戏"，促进文化产业和旅游产业的"双赢"。发展文化旅游就是在丰富旅游文化的内涵。

旅游从业者和旅游事业单位的工作人员在开发旅游资源的过程中，要创造和开拓旅游客体文化和旅游介体文化。要夯实文化产业发展基础，依托鸡西的肃慎文化、兴凯湖文化、北大荒文化、矿区文化、边境文化、生态文化，打造特色文化产业品牌，重点培育一批龙头文化企业和优势文化产业项目，以专、精、新、特为方向，扶持发展版画、剪纸、根雕、木质艺术、沙雕、鱼皮艺术、桦皮画、草笔、摄影等特色文化艺术精品。使旅游者在游览过程中，感受丰富的旅游主体文化和深刻的旅游文化内涵。特别是以文旅融合促进鸡西冬季冰雪旅游发展。充分挖掘好冰、雪、年、民俗等鸡西元素，加强建设冰灯、冰雕、雪雕等冰雪艺术项目，加快建设滑冰场、滑雪场设施，填补鸡西冰雪旅游产业空白，补齐短板，为鸡西打造冬季冰雪旅游的氛围，引领冬季消费。

4. 突出景区标准管理

把景区质量等级标准化创建管理作为旅游业提档升级的重要内容，坚持硬件建设和软件服务管理一齐抓，通过复核检查、动态管理、常规指导等方式推进景区标准化建设。同时，加强旅游市场秩序监管，对景区旅游乱象严格整治。从兴凯湖湖岗公路交通有序管理和生态保护长远考虑，结合当前农垦改革发展中社会管理和公共服务职能属地化的趋势要求，加大对上协调力度，争取将兴凯湖湖岗公路路权由农垦移交地方管理。加强与农垦实施兴凯湖旅游一体化合作发展，发挥鸡西市对兴凯湖的主体作用，推进统一规划、统一监管。

5. 加强景区产品营销

在加强鸡西市旅游品牌形象整体推介宣传的基础上，推进重点景区面向域内外客源市场开展旅游产品跟进营销，积极主动与各类旅游企业、行业协会、俱乐部、知名旅游网站、电商等开展对接合作，推出门票优惠措施，提高旅游产品的吸引力和市场占有率。

6. 推进互联网技术应用

目前鸡西市文化旅游产业应用互联网技术的基础还比较薄弱，应用水平处于初级阶段。未来，以新一代移动通信、大数据、云计算为代表的高新信息技术得到突破性发展，新技术与文化旅游产业的融合发展，将会全面提升服务水平和营销能力。

因此，要很好地研究互联网技术发展趋势，推进新技术与文化旅游产业的融合发展。主要着眼以下几个方面：一是加强互动体验技术在文化旅游营销创新中的作用。依托全新的信息化技术构建数字营销渠道，增强营销效果，提高旅游目的地的营销效率，向现代营销模式转变。二是充分运用"互联网+"技术，不断开发、应用信息技术和信息系统，提高旅游公共信息推广和服务水平。推动建设旅游基础信息数据库及信息资源规范标准，建立数据采集、审核、编辑、发布、管理的一整套长效机制。三是抓好文化旅游网站的综合改版升级，重点研究、设计、建立市、县级旅游政务网站集群，形成高效旅游信息采集、整理和发布的网络体系，实现纵向和横向的文化旅游信息资源共享。

九 鸡西市构建现代商贸物流体系研究

鸡西虽地处中国东北边陲,远离国内国际经济发展中心,但亦承担着国家向北开发开放的节点功能;鸡西既是"中国石墨之都",又是资源转型城市,一方面随着煤炭资源逐渐枯竭,煤炭产业由盛转衰,另一方面石墨资源又给城市发展增添了新的动能;鸡西是中国重要的农业发展区,粮食产量占黑龙江省的1/8,占全国的1/64,农业总产值占GDP的比重高达35%;此外鸡西还是生态旅游名城,拥有3个国家自然资源生态保护区。特殊的区位、鲜明的城市个性及转型发展升级版的打造,要求鸡西必须加快新旧动能转换,遵循生产、流通、组织与技术的未来发展方向构建新型产业体系,提升城市核心竞争力,进一步融入区域经济一体化和全球产业链、价值链。

(一) 鸡西构建现代物流体系的重要意义

城市的生产能力和流通能力决定其核心竞争力。在生产相对稳定的条件下,流通能力成为决定因素,发挥流通的基础性和先导性作用,可促进内外交流、优势互补、组合配置,极大地提高区域的辐射力和影响力。鸡西的发展,不仅要重视生产的发展,还必须重视流通能力的投入和培植。

1. 现代物流的内涵

现代物流，是结合传统仓储、运输、配送、流通加工，融入现代物流金融、电子商务、信息服务平台等创新要素，在全球化背景及"互联网+"的趋势下，搭建融商流、物流、信息流、资金流为一体的平台经济。

现代物流打破了就物流而物流的固有思维框架，将物流业在区域经济发展中从服务型后台提升至创新型前台。

2. 重要意义

(1) 加快转型发展培育新的经济增长点的需要

"十三五"时期，鸡西大力实施两个转变、双轮驱动、旅贸牵动"三大战略"，全力打造中国石墨之都、现代煤化工基地、绿色食品生产加工基地、生物医药制造基地、生态度假边境观光旅游基地、对俄国际通道和进出口加工基地"一都五基地"，推动经济社会健康协调发展。发展现代物流，是打造"一都五基地"的强力保障，更是"旅贸牵动"战略的重要抓手，鸡西现代物流业的发展和现代商贸物流集聚区的建设必将成为鸡西经济发展的一个新的增长点。

(2) 发挥资源优势弥补区位交通短板的需要

鸡西资源富集，丰富的矿产资源、农业资源、生态资源、旅游资源等，必将在"两黑一绿一药一游"的深度开发中，形成各类商品集散地。但鸡西偏居一隅，区位交通的劣势在一定程度上制约了经济的发展。发展现代物流，可以以信息带动交易，以交易带动流通，以流通促进发展，在特定领域和特殊品种上占据行业和区域高点，减小区位交通短板的制约。

(3) 促进三次产业融合发展实现价值链跃迁的需要

旅贸牵动，商贸活市。发展现代物流是鸡西破解农、矿产品"一等原料、二等加工、三等价格""有质有量没好价"窘境的需要,是实现"从种得好向卖得好转变""从矿产资源中心向产业组织中心转变"的重要手段。现代物流业与三次产业关联度高,现代物流的快速发展,既可发挥物流对其他产业的基础服务作用,又能发挥物流对相关产业的拉动促进作用,创新商业模式和生产模式,重构产业链条,构建产业生态,推进三次产业的有效融合,实现品牌增值、加工增值、信息增值、流通增值、服务增值,向产业链、价值链的中高端跃进,提升"中国石墨之都""中华大粮仓""全国大厨房"的话语权和影响力。

(4)打造平台经济增强区域组织能力的需要

坚持大区域、大物流、全链条、高聚焦、高增值的创新发展理念,发展现代物流,促进本地优势企业升级,进一步融入区域乃至全球产业价值链,为行业发展提供持久动力,增强鸡西在区域内的组织力,扩大辐射半径,实现物资的聚散、增值和畅通。物流业发达与否已成为衡量一个区域经济发展水平的重要标志之一。

(二)鸡西发展现代物流的基础分析

1. 发展基础

(1)资源雄厚

鸡西石墨资源得天独厚,是中国重要的石墨主产区,也是世界最大的优质鳞片石墨蕴藏区之一,2014年被授予"中国石墨之都"称号。

煤田总面积3078平方公里,截至2018年年末,煤炭保有资源储量约59.12亿吨。煤田开采历史已逾百年,累计为国家生产煤炭10亿吨。

地处世界三大黑土带之一的三江平原腹地,土质肥沃,水源充足,是国家重要的商品粮和绿色食品生产基地。域内耕地面积 1400 多万亩，其中市属耕地面积 740 万亩，粮食产量 68.8 亿斤。盛产水稻、玉米、大豆等农作物，农业机械化程度接近 90%。2018 年绿色食品种植面积 575 万亩，经济作物面积 12.5 万亩，食用菌发展到 8000 万袋，形成丹参、赤芍、白鲜皮等 12 个北药种植基地。

(2) 产业转型

改革开放四十多年来，鸡西市产业结构呈现第二产业下降，第三产业提升，第一产业持续徘徊态势，目前体现为"三一二"的产业结构。2018 年，四大主导产业（"两黑一绿一药"——煤炭、石墨、绿色食品、医药）贡献突出，对规模以上工业经济贡献率为 79%，重点培育的石墨、绿色食品、生物医药等接续产业的比重逐年提高，产值占规模以上工业比重达 33.4%，比 2013 年提高 5.9 个百分点。2018 年全市第三产业占 GDP 的比重达 40.5%，以商贸、旅游为重点的现代服务业不断发展壮大。

石墨和绿色食品行业发展迅猛。围绕叫响"中国石墨之都"，以资源开发和精深加工为方向，推进石墨产业不断向中高端迈进，成为煤城产业转型的"新引擎"，目前石墨产业已初步形成了蓄能材料、密封材料、超硬材料、传导材料、耐火材料五大产业链，2018 年增加值增速高达 23.7%。围绕建设"绿色食品生产加工基地"，以"粮头食尾""农头工尾"为路径，积极发展水稻、大豆、红小豆、紫苏、食用菌、蜂产品、畜产品等深加工，提高就地加工转化率，推动绿色食品产业向高附加值、终端产品转型升级，2018 年全市农产品加工量达 315 万吨，增加值增速为 15.3%。

围绕建设"新型能源化工基地"，以"煤头电尾""煤头化尾"为路径，延伸发展煤炭产业。围绕建设"生物医药制造基地"，以突出特色、做大规模、叫响品牌为方向，推进生物医药产业规模化发展和北药规范化种植。围绕建设"对俄进出口加工基地",以"进口抓落地、出口抓加工"为方向,充分发挥口岸优势,坚持境内境外联动,引进和培育有实力的进出口加工企业,扩大进出口货物量。发展外向型农业,全市目前标准化农产品出口基地达到29万亩,企业在俄罗斯租种土地近100万亩,实际耕种面积40多万亩。

(3) 消费规模扩大

社会消费品市场规模不断扩大,零售额逐年攀升。2017年鸡西市社会消费品市场实现零售额263.9亿元,2010—2014年全市社会消费品零售总额从100亿元增至200亿元,实现跨越式增长。2014—2017年,全市社会消费品零售总额进入稳速发展期,以8.9%的年均增长率平稳增长。

(4) 对外贸易显活力

鸡西对外贸易起步于1998年,2018年全市进出口货物9.8万吨,进出口额完成2.6亿美元,比1998年增长9.8倍,年均增长12.65%。

2. 物流条件

(1) 通达性

铁路通道:国铁哈东线(哈尔滨—东方红)连通鸡西东西全境,哈牡、哈佳客专的开通及牡佳客专的建设促进鸡西融入哈尔滨两小时经济圈,东北东部铁路通道连通牡丹江—图们—通化—丹东港,谋划跨境铁路通道建设。

公路通道:鹤大高速、建鸡高速纵贯全境。

航空通道:鸡西兴凯湖机场打通了鸡西与国际国内的空中通道,在至北京、哈尔滨、青岛、上海、三亚、沈阳等航线基础上,增开若干条主要航线,年货邮吞吐量达到500吨左右。

对俄国际通道:鸡西距俄卡缅雷博洛夫64公里,距乌苏里斯克170公里,距符拉迪沃斯托克(海参崴)284公里,拥有密山和虎林两个国家一类口岸。两口岸都是国家进境粮食指定口岸、冰鲜产品进口指定口岸，密山口岸获批全省唯一对俄液化天然气及危化品运输指定口岸。开通了鸡西—密山—乌苏里斯克客货运输线路、鸡西—虎林—伊曼国际货运线路、密山—兴凯区国际客货运输线路、虎林—列索国际客货运输线路。

（2）**支撑性**

国际物流：虎林口岸仓储基地。总面积7.9万平方米，站台2870平方米，铁路专用线360延长米，年吞吐量6万吨。

国内物流：鸡冠区八道货运总站占地1万余平方米，年货运吞吐量21万余吨；鸡冠区嘉美物流，占地3.2万余平方米，日吞吐量40吨；城子河区金三角货运站，占地面积2万平方米，日吞吐量100吨；虎林物流中心，占地面积9.6万平方米，年运输货物100万吨。

边建设边运营的泛华货运枢纽，规划面积36.2万平方米，主要建设集装箱分拨运输、甩挂运输、冷链仓储配送、电商分拨、快递仓储物流配送、货运交通枢纽中心、物流园区、孵化基地等。

此外还有华孚冷链物流、烟草物流园区、滴道一体化智慧物流综合产业园区等项目。

（3）**流通性**

电子商务新业态蓬勃发展。目前，全市共有电子商务企业400户，建成密山市跨境电子商务产业园、虎林市电子商务产业园、鸡东县电子商务产业园等8个电商园区，自建7个电商平台。坚持"用平台"与"建平台"并重，扶持企业入驻天猫、淘宝、京东等知名平台，鼓励自有平台扩大规模，发展微店、App等移动网络客户端，形成多元化电商运营模式。2018年网上销售额实现12亿元以上。

多方拓展营销渠道。绿色食品坚持线上线下融合营销，农产品线上销售量2.1万吨，销售额2.2亿元，增长61.7%；组建绿色食品产业联盟，在上海、重庆等大中城市建立营销网点195个。全省唯一石墨电商交易平台"墨都商城"上线运营。

建成密山、虎林互市贸易区，密山跨境电商产业园入驻园区企业、合作社36家，2019年1—5月实现线上交易额2054万元。梨树北药和山产品大市场显现了较强的辐射带动能力。

（三）鸡西市现代物流业发展战略

1. 发展原则

（1）融合与突破

在传统仓储、运输、配送、流通加工、交易的基础上，融入现代物流金融、电子商务、信息服务等创新要素，既要发挥物流对其他产业的基础服务作用，更要发挥物流对相关产业的拉动促进作用，创新商业模式和生产模式，重构产业链条，构建产业生态，促进本地优势企业升级。

（2）立足与跳出

突破行政区域，既要立足鸡西，又要不局限于鸡西发展物流，整合集聚全域优势特色资源，不求所有但求所用，通过鸡西的现代物流体系实现增值和辐射，增强鸡西在经济区域内的组织力和辐射力。

（3）创新与发展

站在流量经济的高度，通过商流、物流、信息流、资金流的有机结合，构建上行+下行、有形+无形、物流+产业、专业市场+物流园区+内陆港+互联网的现代物流体系，培育流通力；打造平台经济，促进资源要素的集聚，实现品牌增值、加工增值、信息增值、流通增值、服务增值，推动区域经济的发展；聚焦特色品种和优势产业，以点带面，重点突破。

2. 发展层面

（1）企业级层面

企业级层面多从物流和供应链角度去完善物流体系，包括三个维度：一是保障企业采购、加工、制造、分销等基本运作需要的物流体系，如围绕煤电化基地、石墨新材料基地建设，建立煤炭、焦炭、矿石等大宗物资集运系统，又如建设大型控制性综合农产品物流园区，扩建新建大型粮食物流集散中心、战略装车点；二是满足精细管理需要的供应链系统，如石墨产业链逐渐从生产中间产品向终端产品的转换，必然产生JIT、保税等高端物流服务要求；三是顺应时代发展需要的国际物流、智慧物流、绿色物流体系。

(2) **产业级层面**

主要从产业链和价值链角度去构建现代物流体系，包括两个维度：

一是产业链维度。物流服务或是成为产业链不可或缺的一环，如冷链之于鲜食玉米、畜产品加工，电商之于小农户与大市场的有机衔接；或是使得产业链运作更加顺畅，如供应链金融服务，一般来说生产煤炭、石墨、粮食等大宗产品的企业都容易出现资金链运行的阻滞，从而影响整个产业链，而充分利用大宗商品的金融属性，开展供应链金融服务可以有效化解。

二是产业生态维度。从整个产业链和产业所处环境中找寻痛点，设计出能够解决痛点的"核"，如石墨交易中心、粮食交易中心，增强要素集聚、价格发现、规则制定、增值服务等方面的功能，通过产业链重组、业务模式创新及产业环境改善，来实现原有产业链条的整体提升。一般来说大型批发市场和物流园区都是具有产业组织功能的平台，是发展平台经济的重要载体。但传统的专业市场和物流园区多为集聚商贸物流企业和功能物理性集聚的经济平台，而不是平台经济。经济平台与平台经济是有本质区别的，经济平台是平的、同质化的，平台经济是有核有峰的，平台经济不是简单的物理的聚合作用，而是彼此间能产生化学反应乃至核裂变，平台经济是服务经济的高级形式。平台经济不在于规模体量多大，而在于核是否强大，因"核"而"聚"。

随着互联网对整个社会、产业的重新架构、重新组合，各种平台经济、商业创新模式不断涌现，商贸物流产业融入"互联网＋"进程加快，"互联网＋"将促进信息、信用、金融、物流合理流起来、动起来，传统产业也因此加快转型升级。

(3) **社会级层面**

一是物流企业维度，包括电商、快递、第三方物流企业等；二是基础设施维度，即节点、通道、平台等物流网络；三是运行体系维度，涵盖标准、规划、组织、法规等。

鸡西目前物流总体运作水平不高，发展层次略低，现代物流的先导性作用尚未有效发挥；全市物流建设尚未形成总体规划，缺乏对物流业的统一建设管理；有场无市与有市无场现象共存，市场的要素资源集聚能力和辐射能力明显不足，现代市场体系建设仍需加强。因此必须坚持全市"一盘棋"，统一布局园区物流、专业市场物流、产业集群物流、多式联运物流、同城配送物流、电子商务物流、口岸国际物流，加快泛华货运枢纽、华孚冷链物流等项目建设，打造龙江东南部物流中心。

3. **发展方向**

在区域协同和经济全球化的大背景下，顺应产品供求关系的逆转趋势，把握数字经济迅猛发展的契机，重新构建产业链条，打造新的产业组织模式。

(1) **完善矿产品供应链体系**

围绕鸡西市煤电化基地、石墨新材料基地建设，重点开展以下工作：

一是创设石墨交易中心。首先打通石墨产品国内外供应链营销渠道，直接对接下游客户，提高石墨销售利润，大幅提升市场交易量，增强辐射能力和影响力，改变鸡西市石墨集中低价销往辽宁、山东的现状；其次要成为石墨产业要素资源组织中心，加速构建规模和技术水平居全国前列、产业链完整的石墨产业产品集群。

二是完善社会化物流体系。在工业项目向园区集中的过程中，统筹规划好铁路专用线、货运中心、仓储库等公共物流基础设施，培育第三方物流企业，建立煤炭、焦炭、矿石等大宗物资集运系统，开展供应链金融服务。

（2）提升农产品流通体系

鸡西农产品流通体系主要存在增值能力薄弱和引领作用缺位两大问题。原粮加工率不高，加工度不精，食品加工产业链条短，品牌力不强；粮食加工企业市场开拓能力不强，企业订单不饱和，产能利用率低；生产组织与市场流通脱节，流通没有引领生产，尚未建立消费导向的农业产业体系，依然是"农民生产什么就卖什么"的生产导向模式，与"消费者需要什么我们就生产什么"的消费导向模式有很大差距；尚难满足城乡居民消费升级需求，顺应粮食供给从解决"吃得饱"到满足"吃得好"转变的趋势。为此要重点做好以下工作：

一是重点打造粮食交易和涉农信息平台。维持"大粮仓"规模庞大的粮食生产、销售、储运、加工，必须有众多粮食生产组织、粮食流通企业、粮食精深加工企业、供应链金融企业、粮食物流企业在粮食信息的统领下参与其中，创建粮食交易平台十分必要。创建粮食交易平台，是鸡西发展"互联网+"农业、重构粮食产业链和创新产业组织模式的关键点，是农业生产组织与加工企业和流通商对接的窗口，是指导和扶助农业生产的重要机制。

粮食交易平台定位于三江平原的粮食信息中心、展示交易中心、物流中心、供应链金融中心及生产组织中心。平台具有仓储配送、多式联运、信息交易、供应链金融、增值加工、商品展示、电子商务、商贸服务、质量检测、内陆港等粮食贸易和物流服务功能。依托平台，可以整合各类资源，构建粮食流通网络体系，重点打造粮食物流体系（包括粮食集货体系和发运体系）、粮食贸易体系（包括粮食展示平台、信息平台、检测平台、交易平台、供应链金融）、粮食加工体系和粮食生产组织体系（包括订单生成体系、生产保障体系、品牌营建体系），形成结构完善、层次分明、协调发展的产业生态环境。

二是加快农产品专业市场转型。建设销地综合性加工配送中心、产地集配中心和田头市场，提升农产品流通"最后一公里"和上市"最初一公里"组织化水平。田头市场向农产品集货中心、物流中心方向转型；区域性市场向产品中心、品牌中心、加工中心、信息中心、交易中心、综合电商平台地区馆或垂直电商平台方向转型；全国性市场向垂直电商平台、交易所、价格中心、金融中心、订单中心（产业组织中心）方向转型。即产地型市场向产品型市场转型，载体平台向产业生态平台转型，呈现标准、品牌、绿色、服务、数据等业务要求及远程、远期、订单生产、商流物流分离、供应链金融等业务模式。

三是促进农产品电商向企业化发展。一方面加快电商的企业化，强化品牌建设，让电商占据农业产业链链主地位，通过互联网的品牌营销，集合消费者订单，反向发包种植和加工企业，控制产品质量，理想情况下，实现消费者预购（众筹）；另一方面加快实现新型农业经营主体、规模化加工企业的电商化，使生产及加工环节实现组织化、规模化后，增强网络销售能力，以电子商务形式向市场正向渗透。

四是加强农产品和食品冷链设施及标准化建设，降低流通成本和损耗。建立基于供应链的重要产品质量安全追溯机制。

（3）创新商贸物流模式

顺应城乡居民消费结构由生存型向发展型消费升级、由物质型向服务型消费升级、由传统向新型消费升级的趋势，合理布局城乡商业设施，完善流通网络，抓住批发和零售两个环节，加快发展连锁经营、电子商务等现代流通方式。

一是积极鼓励传统零售企业转型升级。传统零售业在电商的冲击下步履维艰，但其支撑消费品市场平稳发展的作用不可忽视。因此，要推动传统零售转型升级，促使消费回流。引导支持本地大型零售企业通过自建线上平台或开通公众号，发展线下体验、线上下单、在线支付的"三位一体"模式，增强网络新零售对消费品市场的提升和带动作用，拓展新型消费模式。积极鼓励本地商贸企业与国内知名电商合作，扩展市场空间，实现线上线下资源互补，促进全领域消费格局规模扩张。

二是线上线下资源互补和应用协同。百货商场、连锁企业、专业市场等传统流通企业依托线下资源优势开展电子商务，推进业态多样性与体验享受性相结合，满足不同层次的消费需求。

（4）拓展国际物流领域

国际物流方面，首要的是"有物可流"，其次是考虑如何"流得更畅"，否则建了再好的基础设施也无法产生效用。现今社会，产业组织体系遵循如下规律：全球价值链决定产业链布局，产业链决定供应链网络，供应链决定基础设施建设。而我们恰是逆序来做的，在供不应求的年代或者计划经济或者垄断的背景下，此做法未尝不可。在供过于求的时代和市场经济条件下，逆序则不能一箭中的。

口岸物流需跨越传统物流阶段向产业服务阶段转型。传统物流阶段，关注公路、铁路、口岸、仓储等方面物流基础设施建设，提供货物装卸、仓储、配送、国际中转等物流基本服务，边境口岸仅起到"通道"的作用。产业服务阶段，突破单一的"贸易主导"发展模式，出口加工区、互市贸易区、综合保税区、物流园区、跨境工业园区、营销中心等竞相设立，提供电子商务、保税加工、博览展示等高端物流服务，营造和强化边境地区的经济生产和物流集散能力，实现边境口岸与载体城市及境外园区共同发展。因此，边境口岸物流发展不仅仅着眼于解决口岸本身物流运作方面的问题，而是应纳入与载体城市、腹地经济、国际物流大通道、对方口岸及载体城市等的发展过程中，以物流为纽带，实现将区位、地缘、资源等优势转化为经济优势，促进口岸载体城市及国际物流大通道沿线区域经济同步发展。

以密山和虎林两个国家一类陆路口岸作为深入俄罗斯腹地、独联体、东欧及取道符拉迪沃斯托克（海参崴）和纳霍德卡出海口通往韩国、日本及东南亚各国的经贸合作的陆桥。积极发展转口贸易、简化通关手续，优化口岸功能布局，吸引境内外大型外贸、物流企业入驻，提高鸡西市口岸国际货运集散能力，加快从传统口岸物流向现代口岸物流转型。重点做好如下几个方面：

一是合作推进中俄边境口岸物流一体化。优化整合物流资源，实现物流系统各环节有效衔接，提高边境口岸物流效率，达到中俄物流系统及不同运输方式的高效转换和协调配合，实现两国沿边口岸运输与物流系统的"无缝衔接"及交通一体化、口岸功能一体化、物流运作流程一体化、通关模式和通关流程一体化等运作。

二是口岸物流功能现代化。建设现代化综合性的物流园区（中心）等重要国际物流基础设施，实现国内与国际物流业的充分对接和有机结合，促使国际物流环节在边境口岸及腹地延伸拓展，实现边境口岸物流功能的多样化，集商贸、仓储、流通加工、信息服务为一体，促进边境口岸物流服务的综合化和现代化。

三是口岸物流与载体城市发展同步化。大力发展临岸经济，建设对外出口产品的生产基地和进口原材料精深加工基地，发展现代服务业，提升城市的发展水平和能级，实现口岸物流与载体城市发展同步化。以物流为纽带，促进国内外物流提供商、制造商、销售商在口岸经济区域集聚，实现边境口岸与物流园区、互市贸易区、出口加工区、各类开发区、综合保税区等联动发展格局。

四是拓展国际物流通道。谋划建设密山至图里洛格、虎林至俄列索扎沃茨克国际铁路建设项目,虎头至伊曼水上通道建设项目。

(四) 鸡西市发展现代物流的实施保障

1. 提升发展理念

破除认识局限。很多人把国内流通不畅、国际贸易局面迟迟没有打开归结为地域偏远、交通阻隔,于是将更多资金和精力倾注于通道建设,但是仅仅是通道问题吗?或者说通道是问题的关键所在吗?路通了是不是货就通了?货通了是不是区域经济就发展起来了?这些问题值得我们去认真思考。

在供不应求的年代,交通阻碍确实会造成流通不畅,甚至是主要因素;在供过于求的年代,流通力是资源力、品牌力、金融力、组织力、通达力等多种因素共同作用的结果,而道路交通只是影响到通达力的一个二级指标,其作用远没有想象的那样大。城市若没能在全球(区域)产业链和价值链中提前布局,谋得应有的位置,甚至会出现通道畅通了,自身反被进一步边缘化的现象。

2. 加强组织保障

发展现代物流,需要政府、行业协会、生产组织各司其职、各安其位、鼎力协作、齐心共进。首先各方应找准自己的位置,把市场能解决的事情交给市场;其次分清轻重缓急,有所为有所不为,先易后难;最后更要学会借势,不求所有但为所用,不必"重新制造车轮"。政府应做好顶层设计和规则制定,着力构建产业生态体系,加强政策扶植。打造区域品牌,即加强产品和服务的标准化体系建设。行业协会负责行业内的规范、约束和提升，品牌建立和品牌维护；政府关注品牌的区域防范和保护。

进一步提高农业生产的组织化程度，尤其要关注从传统经济背景下向"互联网+"背景下组织缔结方式的变化，即由依靠熟人关系、具有明显的地域性缔结的体系向超越传统地域、依靠标准和契约、迫使生产者提高产品质量缔结的体系转变的趋势。

3. 注重科学谋划

发展现代物流，离不开科学化的全局谋划和具体项目的规划，从而构建专业市场+物流园区+内陆港+互联网的大宗产品及特色产品物流体系；同时也离不开专业化的推介、招商及投融资策划。科学的谋划规划需要跨界的专家支持，既懂产业又精通物流，更要了解互联网，还要有全产业链的思维和全域的观念。

4. 优化发展环境

改善交通条件、完善产业生态、优化营商环境，是发展现代物流的基本保障。培育第三方物流企业、发展物流金融业务、加强物流信息化建设、推广"互联网+"，通过互联，最大限度地发挥互联网在社会资源配置中的优化和集成作用，实现资源的整合配置，构造新的产业链条，完善产业生态体系，优化重组流程，解决产业链痛点难点，从而创造更大价值，形成多赢。

十　关于鸡西市提升对外开放水平的对策建议

鸡西市在黑龙江省对外开放格局中，占据重要地位。鸡西市对俄合作区位优势明显，在对俄农业合作方面走在黑龙江省前列，鸡西市在俄罗斯远东地区建立的域外农场，迈出了中国农业"走出去"的重要一步。由于拥有优越的旅游资源和长期的人文交流基础，除推动跨境旅游产业发展外，鸡西市在对俄人文交流方面也取得了不错的成绩，共同举办文体活动，连续举办兴凯湖冰雪汽车拉力赛，中俄跨境马拉松赛，兴凯湖国际冰上婚礼，杏花节，国际冬钓、冬泳活动，以及俄罗斯狩猎旅游线等。旅游和文体活动也促进俄罗斯人到鸡西购物、体检、康养等消费活动。

本部分着重梳理鸡西市在黑龙江省对外开放格局中的位置和需要发挥的作用，聚焦对外经贸、对外农业合作领域，分析发展趋势，找准问题症结，并提出对策建议。

（一）鸡西市对外开放的愿景

1. 黑龙江省构建对外开放格局的思路

黑龙江省积极对接国家"一带一路"倡议，积极参与"中蒙俄经济走廊"建设，并提出龙江陆海丝绸之路经济带建设目标。其总体定位是："打造一个窗口，建设四个区"，积极构建以对俄合作为重点的全方位对外开放格局。

打造一个窗口，意味着打造中国向北开放的重要窗口。建设四个区，包括黑龙江（中俄）自由贸易区、沿边重点开发开放试验区、跨境经济合作示范区、面向欧亚物流枢纽区。为把黑龙江打造成中国向北开放的窗口，黑龙江省需要主动对接"一带一路"倡议，并对接俄罗斯远东地区开发战略，建成包括交通物流、经贸、人文等合作内容的对外开放新格局。在建设自由贸易区方面，首先需要打造良好的营商环境，积极探索沿边地区开发开放途径，建立合作平台和综合性交通枢纽，建立面向东北亚的示范区和先行区，完善合作园区体系，寻找重要的经济增长点，建立睦邻示范区。

其次需要继续深化改革的是，要持续推动对俄合作由经贸合作向全方位合作转变，由毗邻地区合作向与俄罗斯中部和俄罗斯欧洲部分的合作延伸。除推动国际交通联运走廊建设外，还应积极推动人文合作，重点开展农业合作。积极建设对俄进出口加工基地和境内外产业园区。

2. 鸡西市对外开放的愿景与成就

在发展对俄经贸方面，鸡西市区位优势明显。鸡西市地理上靠近俄罗斯远东地区，且两地的产业结构具有互补性，具备开展经贸合作的前提条件。经贸合作是建立两国信任度的基础，有助于提高民心相通的程度，从而带动人员流动和其他经济活动的顺利开展，比如跨境旅游。

下辖两个口岸城市——密山、虎林是黑龙江省东部开放带的骨干通道。密山市建立了相对发达的三位一体的交通网络，交通四通八达，高速公路、铁路横贯东西。陆海联运港可使货物经营口港直接出海。兴凯湖机场可飞抵国内大中城市。密山拥有国家一类客货两用陆路口岸，年过货能力100万吨、过客能力60万人次。并且，密山距离俄罗斯远东一些重要城市距离非常近。密山距俄罗斯卡缅雷博洛夫64公里，距俄罗斯的乌苏里斯克170公里，距俄罗斯远东第一大城市符拉迪沃斯托克（海参崴）284公里。因此，可以建立经由密山连通俄罗斯远东地区的国际联运网络。

虎林市位于黑龙江省东部沿边开放带中点位置，边境线长264公里，设有国家一类陆路客货运输口岸，建有永久性界河大桥，满负荷运转年过货能力可达260万吨。对应的马尔科沃口岸距俄口岸城市列索扎沃茨克仅8公里。通过西伯利亚大铁路和远东干线公路，向北401公里可通过哈巴边区首府哈巴罗夫斯克市，深入俄罗斯腹地，辐射独联体及东欧各国；向南352公里可通过符拉迪沃斯托克（海参崴）和纳霍德卡港出海，到达韩、日等太平洋沿岸国家和地区。口岸对面是俄罗斯的列索扎沃茨克市和斯帕斯克达尔尼市，资源丰富、经济条件较为优越，人口数量也较多，经贸合作具有一定优势。

在"十三五"规划中，鸡西市提出"构建全方位对外开放新格局"的发展目标。通过把握对外开放合作发展的新政策、新趋势和新要求，加快实施开放提升战略。构建互利共赢、多元平衡、安全高效的开放型经济新格局，推动开放向优化结构、拓展深度、提高效益转变，形成参与和引领对外开放合作竞争新优势，推动对外贸易转型升级。两个主要工作抓手是：打造对俄国际通道和进出口加工基地；推进多层次国内外经济技术合作。

从两个口岸城市来看，密山市的对外开放思路是，坚持以"转型崛起、重振雄风"为主线，以打造"国际旅游都市"为目标，大力实施"开放、生态、创新、精美"四大战略，围绕"133"产业体系，积极推动做大现代旅游战略产业，做强绿色食品、对俄进出口加工、矿产资源深加工三大主导产业，做优生物医药、现代农业、商贸物流三大特色产业，积极培育新的发展动能，着力提升社会治理水平，全力保障和改善民生，各项工作不断取得新突破。虎林市的对外开放思路是，紧抓"一带一路"和"中蒙俄经济走廊"建设的有利历史机遇，积极培育贸易新业态新模式，全力推动对俄合作战略升级，加快构建更全面、更深入、更多元的对外开放新格局，全力打造黑龙江省东部对俄开发开放"桥头堡"，确保虎林在开发开放中走在全省前列。

在发展目标带动下，鸡西市对外开放工作取得显著成绩。目前，已初步形成了以密山金达利、金果农产品，虎林远华、瑞金盈，鸡西 ESP 等一批有代表性、专业化、经济实力较强的外经贸企业群体。2018 年，鸡西市有进出口业绩的对外经贸企业发展到 60 家，超千万美元企业 7 家，与世界上 113 个国家和地区开展了经贸往来。目前，鸡西市共有对俄合作企业 18 家，投资总额 1.66 亿美元。建有密山、虎林两个中俄边民互市贸易区。

近年来，鸡西市两口岸加快推广国际贸易"单一窗口"标准版建设，推进报关报检"单一窗口"和"联合查验、一次放行"等新型通关模式，不断提高口岸通关便利化水平。同时，积极推动口岸通道建设，开通了鸡西—密山—乌苏里斯克客货运输线路；鸡西—虎林—伊曼国际货运线路；密山—兴凯区国际客货运输线路；虎林—列索国际客货运输线路。从 2013 年起，鸡西市大力实施了口岸基础设施改扩建工程，先后投资 5 亿多元，完成了虎林口岸现场联检大楼、海关监管仓库前移改造、通关服务中心、货检综合楼、国门广场，密山口岸通勤车车库、海关检验检疫消毒用房、边检营房维修、海关进境车辆查验消毒设施、口岸危化品待检区、牧草熏蒸库等项目建设。目前，鸡西市两口岸都是国家进境粮食指定口岸、冰鲜产品进口指定口岸，正在争取获得进口俄罗斯牧草资质。鸡冠区正在研究电商运营中心开通密山口岸跨境包裹绿色通道事宜。

2019年，完成密山跨境电子商务产业园二期、黑龙江义立公司跨境电子商务海关监管仓库建设，密山口岸获批为国家对俄液化石油气国际道路试运输口岸。2019年，鸡西市实现进出口总额22亿元，同比增长27.7%，增速列黑龙江省第5位；虎林、密山两口岸过客突破20万人次、过货突破10万吨。

电子商务新业态蓬勃发展。近年来，鸡西市电子商务从无到有、从弱到强，实现了良好发展。目前，全市共有电子商务企业400家。截至2019年7月末，鸡西市重点监测的50家电商企业，实现网络交易额4.82亿元，同比增长24.7%。全市共建成电商园区8个。其中，密山市跨境电子商务产业园一期已投入使用4000平方米，入驻园区企业、合作社36家，2019年1—7月共实现线上交易额3500万元；虎林市电子商务产业园1—7月共实现线上交易额5271.5万元；鸡东县电子商务产业园1—7月共实现线上交易额1030.3万元。密山市农村淘宝2019年1—7月共实现网络交易额1006.6万元。密山市云淘农业发展有限公司1—7月实现网络交易额1578.9万元。虎林市京东商城虎林特色馆2019年1—7月实现网络交易额122.6万元。黑龙江信德

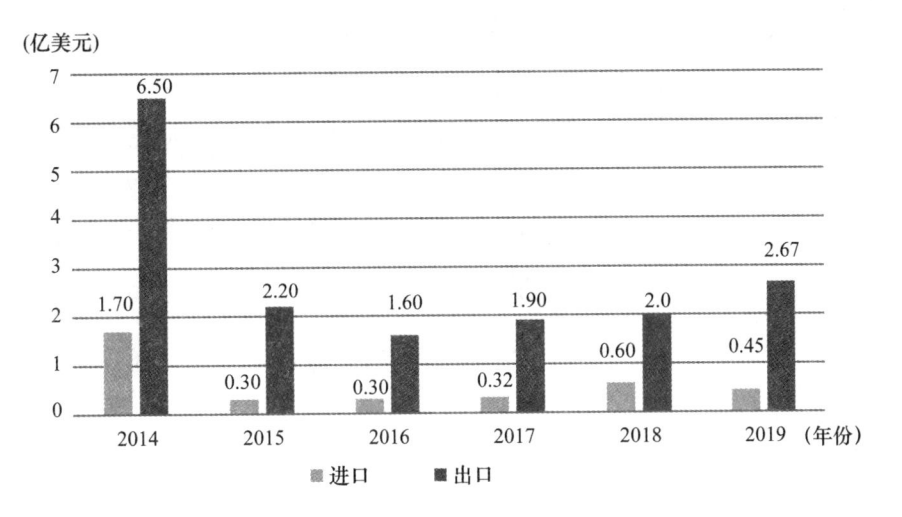

图8 2014—2018年鸡西市进出口额

盛通科技有限公司1—7月共实现网络交易额1013.2万元。①

（二）转型发展背景下鸡西市对外
经贸合作的问题与对策

1. 鸡西市对外经贸合作面临的问题

第一，黑龙江省和俄罗斯远东地区，都是经济欠发达地区，人口稀少，经济基础薄弱，经济行为不活跃，因此口岸过货量较少。此外，同黑龙江全省一样，鸡西市对俄贸易以国际货代贸易为主，贸易过货多、地方产品出口少。这样的贸易结构，很难给地方经济带来贡献。

第二，俄罗斯口岸设施陈旧老化，口岸查验通关效率低，这也进一步制约鸡西各口岸的发展。目前俄方口岸基础建设落后，过境通道简易，车辆查验慢，40分钟左右一辆，过关能力不足，一天大概只能放行约30辆车。俄罗斯天然气是管道运输，中方进口是从乌苏里斯克改用汽车运输，俄方负责承运的公司只有3辆运输车。

第三，国家扶持政策的稳定性。目前口岸发展主要依托一些国家扶持政策，但是一些政策处在试行阶段，影响招商引资。例如，2019年，交通运输部批准密山口岸试运营天然气进口，由于黑龙江省东部地区天然气需求缺口较大，此项政策带来了重要商机，一批能源企业希望参与投资经营，但是如果政策不稳定，相关园区建设无法继续开展。

第四，本地区工业基础薄弱，受全国经济大环境影响大，也严重制约对外开放发展。近年来，受经济大环境影响，规模

---

① 以上信息参见鸡西市庆祝新中国成立70周年主题系列新闻发布会——构建全方位对外开放新格局专场新闻发布会，http://hlj.people.com.cn/n2/2019/0919/c393357-33369660.html。

以上工业增加值和外贸进出口总额不同程度呈现负增长，2018年才开始企稳回升，全市进出口贸易额实现1.3亿美元。

第五，在吸引外资方面，一定程度上还存在投资环境不佳、投资政策不够灵活的问题。

第六，近年来，财政支持力度有下降趋势，不利于对外贸企业的持续扶持。2018年以前，黑龙江省有单列的外贸发展基金，约8亿元左右。从2018年开始，外贸发展基金不再单列，统一列入财政支付资金中，而各有关县市没有对外贸易方面专项资金的可参照数字，导致资金被倾斜到其他方面，相应的外贸发展支持力度有所下降。

2. 转型发展背景下鸡西市对外经贸合作的发展对策

第一，加大政策扶持力度。近年来，国家以及黑龙江省相继出台了兴边富民的有关意见和措施，鸡西市应紧紧抓住这难得的历史机遇，充分利用好各类政策，抓好重点任务落实，推进实现经济社会发展的新局面。建议国家和省相关部门进一步丰富支持沿边重点地区开发开放的政策措施，加大转移支付力度，在旅游开发、项目建设、对俄经贸和园区建设等方面给予更多的政策支持，增强县域经济发展活力。

第二，推进密图国际铁路复建工作。密图国际铁路全长41.01公里，其中，国内段38.51公里、俄境内段2.5公里（需新建）。密图国际铁路项目对完善黑龙江省东部运输环境，加快沿边开发开放，积极参与东北亚国际经济大循环具有重大战略意义。该铁路在1945年以前已经存在，后来被苏联红军拆除。自1982年开始，密山历届党委、政府均将恢复密图国际铁路作为密山对外开放的重要举措，积极推进前期工作，并曾经获得国家、黑龙江省有关部门的高度关注，但目前推进缓慢。建议将密图国际铁路纳入国家发展改革委《周边基础设施互通互联总体规划（2014—2035）》。

第三，建议出台专项外贸扶持政策，信息及时更新。从2018年开始，密山口岸可以进口天然气，进口俄罗斯天然气是鸡西的刚性需求，以往鸡西市使用天然气主要是从山东、新疆运送而来，成本高，相比而言，进口俄罗斯天然气，路途近，价格低，但是在这方面，还缺乏配套扶持政策。除天然气外，2017年密山口岸也开始进口俄罗斯煤炭。从俄罗斯进口的煤炭销往本地，1万吨给予7元人民币补助。这个政策是为了鼓励企业，但是本身不够规范，落实也较为困难。

第四，积极协调俄方加快改善口岸通关条件。在下一步工作中，鸡西市应继续加强与俄方协调，争取获得俄方支持，尽快改善相关口岸通关条件。同时，也建议国家和黑龙江省相关部门能够从更高层面进行沟通协商，敦促俄方加快完善口岸基础设施，改善通关环境，提升通关效率。可以优先考虑两项措施，一是改善海关查验条件，建设双向通道或者四向通道提升过关能力；二是进一步扩充俄罗斯运输车队。

（三）转型发展背景下对外农业合作的问题与对策

在中国提出"一带一路"倡议，以及早就落实的中国农业"走出去"战略背景下，随着俄罗斯战略重心的东移，黑龙江省加快介入俄罗斯远东地区农业开发具有重要战略意义。黑龙江省对俄境外农业开发合作始于20世纪90年代初期，经过十余年的发展，目前已由当初的农民自发组织发展成为由政府组织、企业开发、农民参与的有组织、成建制、多领域、全方位的发展格局。

鸡西农业"走出去"发展势头良好。农业走进俄罗斯具有多重战略意义：首先，"走出去"更有利于保障中国粮食安全。鸡西农业在俄罗斯远东地区的经济实践，可以说是世界领先的农业技术与俄罗斯广阔黑土资源的强强联合；其次，在俄罗斯远东地区购买和租赁土地，实际上更是为中国在海外储备土地资源的一种极有远见的战略实践；再次，农业"走出去"对于稳定世界粮农市场价格具有重要作用；最后，农业走进俄罗斯，有助于带动中国东北地区的整体发展。因此，我们应该从国家层面形成农业"走出去"的具体路线图，并从政策层面给予鸡西农业"走出去"大力支持。

1. 鸡西市对外农业合作面临的问题

中俄农业合作存在的主要问题是俄罗斯投资环境不佳，中方企业也不熟悉俄罗斯投资政策。此外，中方企业在俄罗斯农业开发中，仍处于生产链低端，中俄合作潜力没有充分挖掘。

（1）俄罗斯投资环境复杂，投资政策不稳定，中国企业家对俄罗斯投资政策了解不充分

据《全球竞争力报告（2015—2016）》评估，俄罗斯营商环境中问题较多，投资环境欠佳；此外，中俄农业合作中另一个重要不利因素是中国"走出去"的企业和个人对俄罗斯农业投资环境与投资政策了解不充分，在"走出去"之前没有进行充分的调研准备工作。

（2）俄罗斯农业保护政策增加了农业合作园区粮食出口成本

俄罗斯远东地区的国际农业合作，旨在解决远东地区居民的粮食供应问题。因此，俄罗斯对粮食出口的税率较高。在俄罗斯劳务许可证获得方面，对中国员工入俄工作形成一定限制。俄罗斯申办劳务许可证有严格的名额限制，且签证费用高，签证有效期短。中国员工往返的过境手续复杂，影响工作效率。

（3）中俄农业合作规模和潜力仍待挖掘

以农业开发为例，中方企业在俄罗斯的农业开发中仍处于产业链低端，全产业链生产尚未建成。由于缺乏前期资金投入，晒场、仓储和烘干基地建设不足，缺乏大型物流中心，中国农业园区仍处于作为生产原料基地的低端地位，缺少高端产品。而力争产业链高端，需要前期资金投入。

2. 转型发展背景下鸡西市对外农业合作的发展对策

第一，建议落实细化与俄罗斯国家层面的合作协定，尽快签订省、市层面对俄农业开发合作协议。在国家层面上，中国与俄罗斯已签订了《中俄投资合作规划纲要（2009年）》及《俄罗斯远东及西伯利亚地区同中国东北地区间合作规划纲要（2009—2018年）》，这两个纲要的落实情况不容乐观，并且，国家和区域层面的合作规划对于农业合作的规划还很粗略。为了能够更有针对性地指导实践，需要进一步细化到鸡西市农业部门操作层面的合作协议。因此，建议由国家牵线，签署鸡西市农业部门与俄罗斯滨海边疆区农业厅之间在俄农业综合开发框架协议，提出具体明确的政策规定，以便于境外农场更好操作。

第二，在俄罗斯远东购置土地、获取有利土地资源应为中国对俄罗斯农业开发的第一要务。土地是稀缺资源，是农业开发的基础。近年来，随着俄罗斯对远东开发的重视程度不断提高，俄罗斯政府出台了一系列地区发展规划纲要，并采取了一系列措施，包括成立远东地区发展部，建立经济社会跨越式发展区，并宣布符拉迪沃斯托克（海参崴）为自由港。俄罗斯中央政府希望借助各国资金和先进技术开发远东地区，把远东地区打造成俄罗斯融入亚太一体化进程的平台。在这些政策措施的激励下，日本、韩国、新西兰、新加坡、荷兰等国家已经纷纷进军俄罗斯远东地区，抢占了俄罗斯远东地区的大量优质土地资源。目前，在滨海边疆区很多中国农业企业是从日韩等国企业租购土地用于开发。值得关注的是，日本、韩国等国家的企业已经与俄罗斯的一些企业或个人建立股份制或者联合开发俄土地的机制，且绝大部分占据的耕地为永久使用权，少部分是49年产权，具有"买地—囤地—卖地"的土地经营特征，未来极有可能成为俄远东地区的"二地主"。当前情况下，俄罗斯远东尚有部分土地可供租售，因此，当务之急是尽快购置与租赁这些土地，获取有利土地资源。否则，农业开发将成无米之炊或承受日韩等"二地主"的剥削。但租购土地的资金是一笔巨大的长期投资，已成为制约境外农业开发的最大瓶颈。建议国家有关部门尽快支持帮助解决。

第三，中俄两国需要在政策互联互通方面进一步加强磋商。在鸡西农业走进俄罗斯的具体实践中，关税、配额、劳务大卡等制约问题亟须解决。在俄农业开发中，很多制度性的障碍严重制约了开发进展。一是粮食回运税费较高，影响企业收益。关税俄方20%、中方3%，增值税13%，并受配额限制。二是生产资料运出困难。由于中国农机具质量世界领先，中国境外农场一般使用中国制造的农机具，然而，农机具过境俄方收关税：带动力的机械收15%，不带动力的机械收5%—15%，这让境外企业难以承受。三是劳务许可证限制。俄罗斯对于申办劳务许可证有着严格的名额限制，签证费用高达1万余元，签证期3—4个月，且一年一签证，导致耽误农时等问题频发。上述问题需要中俄两国政府协商解决，更需要中国政府对于垦区境外农场提供优惠政策支持，比如境外农场粮食回运免进口税。

第四，关于农田基础设施建设的投入问题也需要中俄两国有关方面协商解决。域外农场对取得长期经营权的农田要加强基础设施建设，投入问题建议由中俄双方协商解决。例如新友谊农场在远东地区所经营的土地大多是苏联解体后国营农场弃耕20年左右的撂荒地，基本没有农田路，水利设施陈旧或已经湮没，进出道路亟须疏通维护。而农田基础设施建设所需投资巨大，且受益方主要为俄罗斯。因此农田基础设施建设投入问题应由中俄双方协商解决。

附录一 《鸡西市转型发展报告》课题组调研大事记

（一）调研时间
2019年6月20—26日

（二）主要参加人员
刘晖春　中国社会科学院中国边疆研究所党委书记

范恩实　中国社会科学院中国边疆研究所东北与北部边疆研究室副主任、副研究员

朱　尖　中国社会科学院中国边疆研究所东北与北部边疆研究室助理研究员

龙国贻　中国社会科学院民族学与人类学研究所副研究员

葛道顺　中国社会科学院社会发展战略研究院社会发展战略与政策研究室主任、《社会发展研究》编辑部副主编、编辑部主任

张晨曲　中国社会科学院社会发展战略研究院《社会发展研究》编辑部编辑

何　伟　中国社会科学院经济研究所助理研究员

崔　玉　中国社会科学院金融研究所国家金融与发展实验室助理研究员

黄志强　中国社会科学院金融研究所国家金融与发展实验室助理研究员

黄　红　黑龙江省社会科学院社会学研究所所长、研究员
王海英　黑龙江省社会科学院文化旅游研究所产业研究室主任、研究员
李小丽　黑龙江省社会科学院农村发展研究所研究员
王化冰　黑龙江省社会科学院农村发展研究所副研究员
王建武　黑龙江省社会科学院社会学研究所副研究员
张斐男　黑龙江省社会科学院社会学研究所副研究员
朱德鹏　黑龙江省社会科学院经济研究所助理研究员
刘懿锋　黑龙江省社会科学院经济研究所助理研究员

（三）调研活动大事记

6月20日（星期四）

上午调研组与鸡西市政府各职能部门座谈。中国社会科学院中国边疆研究所党委书记刘晖春同志代表调研组对鸡西市委、市政府热情的接待表示衷心的感谢，并对中国社会科学院国情调研基地项目（黑龙江）背景和具体要求作了说明。指出这次边疆研究所组织中国社会科学院有关学科的专家来到鸡西展开调研，目的是为鸡西当地的经济发展尽一点微薄之力，希望通过调研对鸡西经济发展进行整体评估，切实发挥好作为中央智库的功能，为地方经济发展做好服务。课题组成员主要涉及中国社会科学院边疆、金融、社会发展、经济、民族语言、文化等方面研究人员，以及黑龙江省社会科学院经济、金融、旅游等相关研究机构研究人员。鸡西市政府对这次调研活动作了大力支持，在此表示衷心感谢。在于市长、金副市长的关心下，鸡西市政府对本次调研活动作了精心安排和周密设计，相信调研工作一定能够取得良好的效果。

鸡西市人民政府副市长、中国社会科学院近代史研究所副所长金以林同志对鸡西市的历史和现状，尤其是经济发展存在的优劣势作了说明。最后指出，中国社会科学院是我们国家著

名的智库，中国边疆研究所承担了三项国家智库的工作。中国边疆研究所对黑龙江省已经开展多年的国情调研活动，调研内容包括中俄沿边区域合作、黑河市发展报告、黑龙江省现存历史遗迹及其保护、利用，相关调研成果都发挥了一定的影响力。此次鸡西市转型发展调研成果为鸡西市开出了有针对性的良方，对鸡西市明确发展思路，找准发展问题症结，下好转型发展这盘大棋具有重要意义。

随后，鸡西市12个职能局办进行交流座谈，发展改革委、工信局、商务局、农业农村局、文体广电和旅游局、科技局六个局委的负责人对各自分管领域现状和存在问题进行了说明。调研组同志分别就自己关心的问题向各职能部门进行了咨询，职能部门则做出回答和提供资料。

下午，调研组一行在金以林副市长的陪同下对鸡西市市辖区有关机构、企业进行了调研。在国家石墨产品质量监督检验中心，参观了鸡西石墨展厅，察看了石墨产品质量检验的仪

鸡西市转型发展报告 125

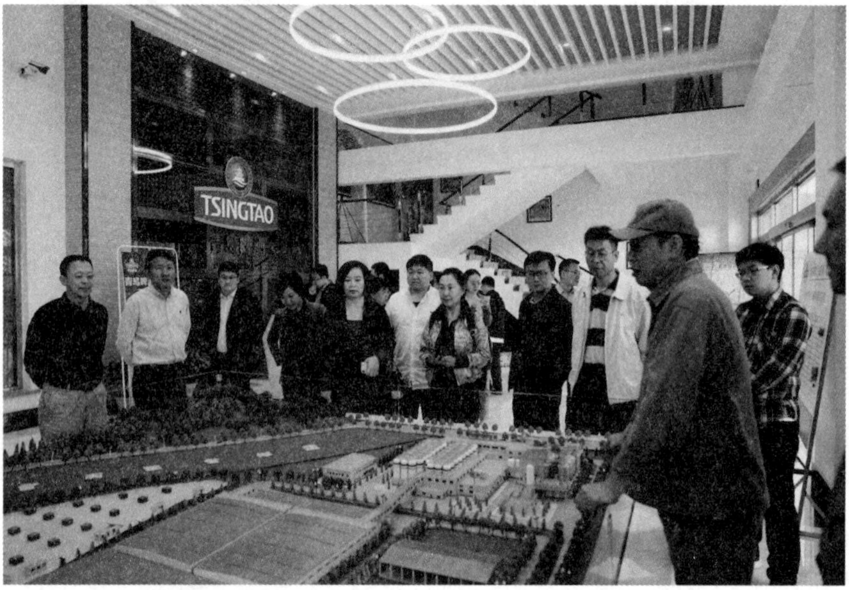
TSINGTAO

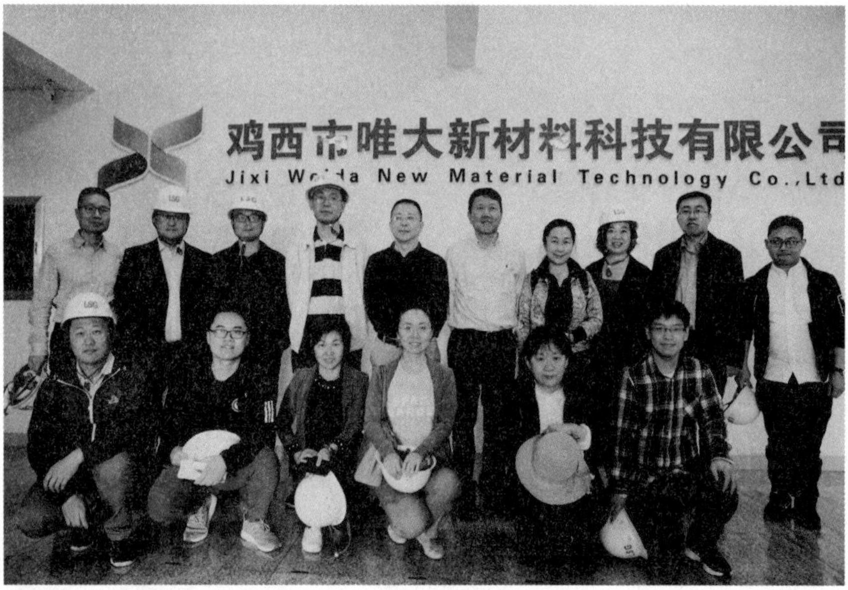
鸡西市唯大新材料科技有限公
New Material Technology Co.,Ltd

器设备和工作流程，并认真听取有关介绍；在鸡西（恒山）石墨产业园，考察了普莱德锂离子电池负极材料石墨深加工项目、浩市新能源材料有限公司高品级钻石材料项目等；在鸡西（鸡冠）产业园区，考察了珍宝岛药业鸡西二期项目，青岛啤酒（鸡西）兴凯湖有限公司，唯大（鸡西）石墨烯产业园一期项目等。

6月21日（星期五）

本日上午继续在鸡西市市辖区展开调研，前往鸡西（麻山）石墨产业园区，调研金宇石墨深加工项目、鸡西贝特瑞石墨产业园有限公司、广盛达石墨深加工项目。

下午乘车前往鸡西市辖县鸡东县哈达镇东风村，调研鸡东县哈达镇东风村小城镇建设。随后乘车前往永安镇，调研30万吨燃料乙醇项目建设情况。傍晚，乘车前往密山市。

6月22日（星期六）

上午，调研组首先前往密山市经济开发区，对益海嘉里、中豆食品、中玉食品等企业展开调研。随后前往密山市政府与密山市政府各职能部门展开座谈交流。密山市人民政府副市长刘志新同志对密山的资源禀赋、发展现状、未来发展方向作了介绍说明。进而指出密山市近五年经济社会发展虽然保持了稳中向好的态势，但还面临着一些制约发展的突出矛盾和问题，也希望调研组能够予以充分关注，并提出好的发展建议。

随后，密山市生态环境局、农业农村局、工信局、发改局、商务局、口岸办、财政局、民政局、规划处、外事办、公安局、文体广电和旅游局、教育局、统计局、人社局、林草局、自然资源局等职能部门，分别就分管领域与调研组专家进行了交流。

下午，调研组前往密山口岸，调研密山口岸建设与对俄贸易情况。随后乘车前往兴凯镇，调研完达山乳业。乘车前往裴德镇，调研金九药业与裴德镇小城镇建设。

6月23日（星期日）

上午调研北大荒开发建设纪念馆、兴凯湖博物馆、新开流文化遗址。

下午乘车前往兴凯湖农场，调研兴凯湖农场水稻种植项目。乘车赴虎林市。

6月24日（星期一）

上午，调研组与虎林市政府各职能部门召开座谈会。虎林市人民政府副市长刘明洋同志对虎林市人口情况、主要产业发展现状、基础设施、社会保障等经济社会发展现状做了介绍说明。进而指出目前虎林发展在财税、特色产业发展、发展要素保障、城乡建设、对外交流合作、边境管理、民生保障等方面存在的突出问题。

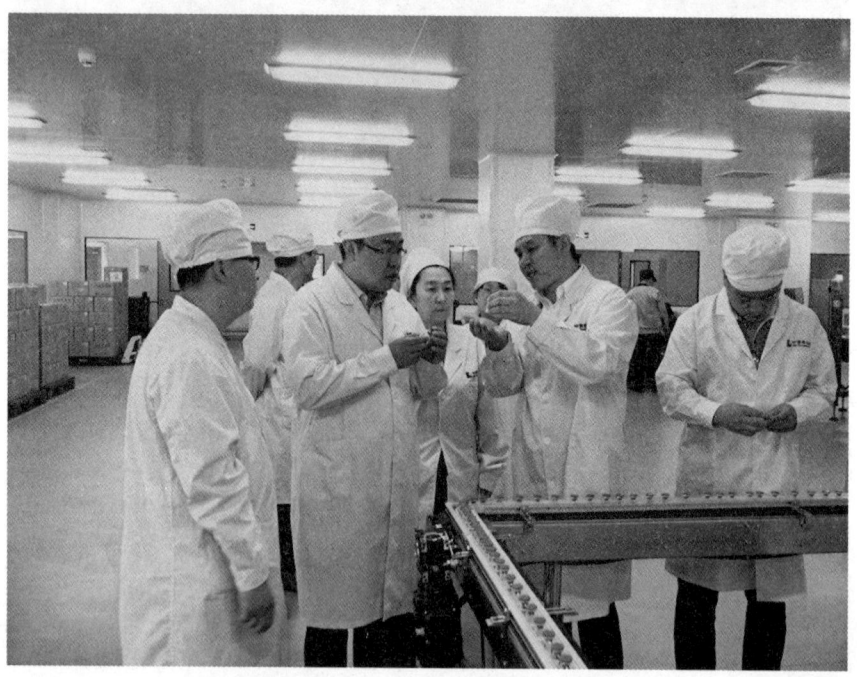

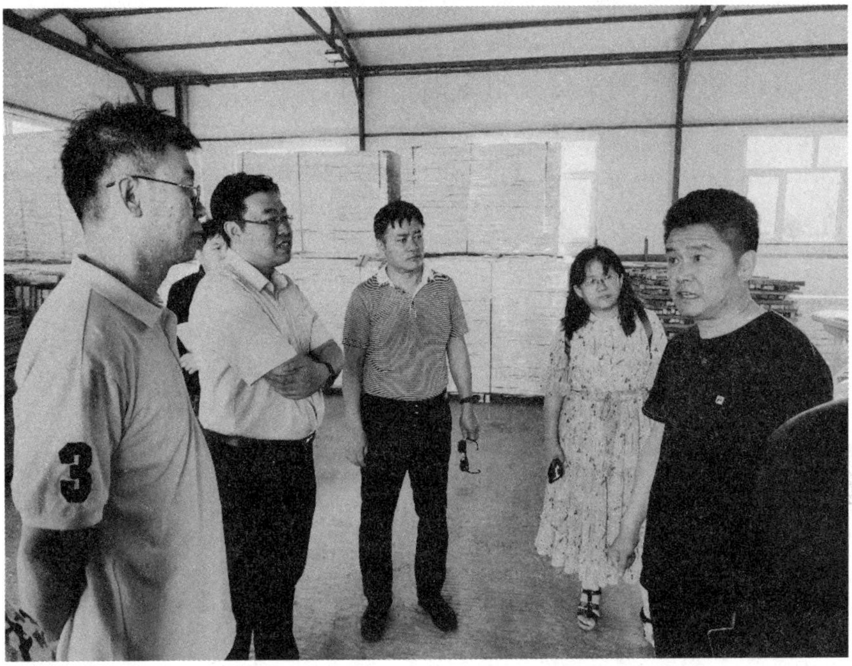

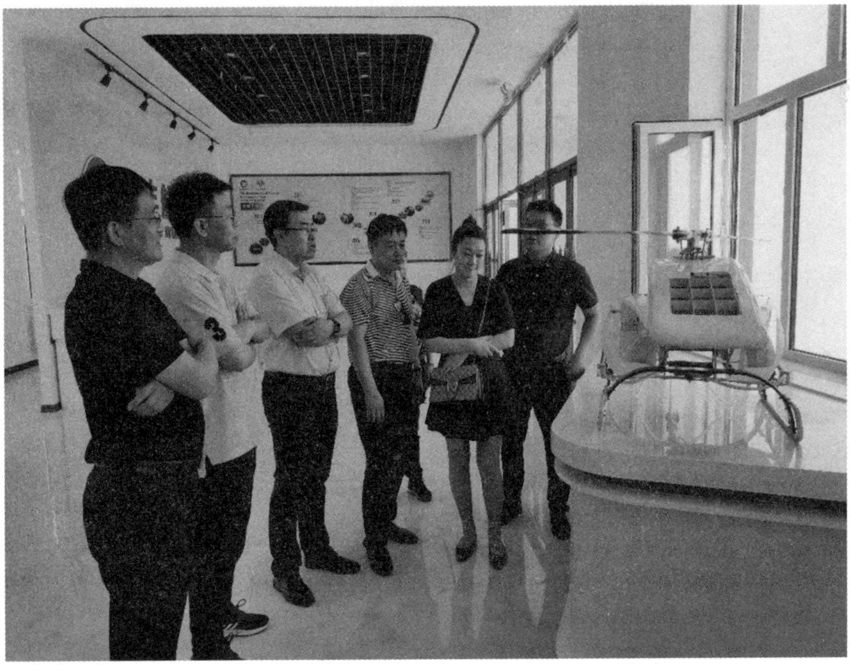

随后，调研组与虎林市各职能部门进行了交流，虎林市发改局、工信局、商务局、农业农村局、口岸办等部门负责人分别就各自分管领域发言介绍情况。

下午，调研组前往虎林经济开发区，调研珍宝岛药业、娃哈哈饮料有限公司、远华木业、全丰航空植保无人机项目、园区金鸡归巢标准化厂房建设。

6月25日（星期二）

上午乘车前往虎林口岸，考察虎林口岸建设与对俄贸易情况。

下午调研虎头镇周边虎头要塞、第二次世界大战终结地等红色文化产业。

6月26日（星期三）

上午在虎头接待中心，国情调研基地（黑龙江）课题组召开小型研讨会，针对调研报告资料搜集、撰写等问题交换意见。

附录二 努力开创边疆城市发展新局面
——"中国边疆城市发展论坛"在黑龙江鸡西举行

2019年6月27—28日,中国社会科学院中国边疆研究所、黑龙江省社会科学院和鸡西市人民政府主办,中国社会科学院中国边疆研究所东北与北部边疆研究室和虎林市人民政府承办的"中国边疆城市发展论坛"在黑龙江省鸡西市的边陲小镇虎林市虎头镇召开。来自全国各地关注边疆发展研究的专家近40人参会,与会专家学者围绕"一带一路"倡议与中国边疆城市发展,新时代边疆城市经济、社会发展,边疆地区多民族文化

与文旅融合发展等议题展开研讨,共同为边疆城市发展建言献策,努力开创边疆城市发展新局面。

会议主办方表示,城市是边疆区域的核心组成部分,在边疆整体发展中发挥引擎作用。一些作为重要交通节点的边疆城市,又是新时期"一带一路"倡议实施过程中的关键环节。党的十九大报告提出,实施区域协调发展战略。加大力度支持革命老区、民族地区、边疆地区、贫困地区加快发展,以城市群为主体构建大中小城市和小城镇协调发展的城镇格局,加快农业转移人口市民化。支持资源型地区经济转型发展。加快边疆发展,确保边疆巩固、边境安全。在这一背景下,依托中国社会科学院国情调研基地(黑龙江)课题"鸡西转型发展报告",特召开此次论坛。

会议由虎林市委常委、统战部长陈文波主持。

在开幕式致辞中,鸡西市人民政府副市长、中国社会科学院近代史研究所副所长金以林对鸡西市城市历史、发展现状、

存在问题等作了简要介绍。他指出，鸡西作为东北边疆地区典型的资源型城市，曾在国家建设过程中做出了重要贡献，现在又正为新时期国家粮食安全、生态环境保护付出巨大努力。尽管面临着转型发展的阵痛，但是全市人民积极努力、奋发有为，一定会将鸡西建设成为科技、生态、旅游、贸易综合发展型城市。

中国社会科学院学部委员、中国边疆研究所所长邢广程指出，边疆的稳定与发展是中国边疆研究中的重大问题。当前，中国进一步深化改革与扩大开放，尤其是"一带一路"倡议的实施为边疆发展，特别是边疆城市发展带来战略机遇。当然，在发展过程中，边疆地区也存在一些限制性因素，其中最为关键的是人口迁移问题。今后边疆城市如何能够克服困难，确保国家的领土安全，在"一带一路"倡议实施过程中起到关键性的节点作用，边疆资源型城市如何进一步实现转型升级，都是边疆研究应关注的问题。此次"中国边疆城市发展论坛"的召开，正是为学者和边疆地方城市搭建一个平台，让各方深化交流与合作，共同为新时代的边疆城市发展贡献力量。

中国社会科学院科研局副局长王子豪指出，党的十八大以来，党和国家高度重视哲学社会科学的学科建设，提出了加快构建中国特色哲学社会科学的战略要求。边疆学学科作为新的学术增长点，正在进行学科建构，是国家迫切需要的，发展潜力巨大。边疆学研究不仅要做好边疆学自身学科体系建设，也要为国家决策做出贡献，因此要重视调查研究在边疆问题研究中的作用。中国社会科学院一直把理论联系实际这一优良作风贯彻落实到科研工作中去。自2006年起便建立国情调研制度，在12个省、市、自治区建立调研基地，十余年来有1000余个国情调研立项，累计约有15000人次到基层和边疆展开调研，用脚力、眼力、脑力、体力来记录中国特色社会主义建设实践的伟大创举，为经济、社会发展做出重要贡献。

黑龙江省社会科学院副院长王爱丽表示，本次边疆城市发展论坛的召开意义深远。2018年9月，习近平总书记考察东北时强调，东北地区是我国重要的工业和农业基地，维护国家国防安全、粮食安全、生态安全、能源安全、产业安全的战略地位十分重要，关乎国家发展大局。在这一背景下在东北召开边疆城市发展论坛，对于东北地区发展，尤其是东北边疆城市发展具有重要意义。

吉林省社会科学院副院长丁晓燕表示，边疆发展是国家整体发展必不可少的部分。目前边疆问题复杂，历史与现实、政治、经济、民族、宗教、自身发展与对外关系等一系列问题交织在一起，都需要妥善处理、谨慎应对。目前党和国家高度重视边疆问题，为边疆发展提供了重要机遇，也对边疆研究提出迫切要求。

在"'一带一路'倡议与中国边疆城市发展"主题讨论环节,与会专家对"一带一路"倡议给边疆城市带来的发展机遇,边疆城市开展对外经济、文化交流过程中应该注意的问题,边疆城市发展面临的主要困难,未来需要国家层面予以解决的关键问题等展开深入研讨。

在"新时代边疆城市经济、社会发展"主题讨论环节,与会专家研讨了人口、可移动资源大量流失转移情况下,边疆区域如何适应新的形势,加快产业布局,加大产业发展;加强互联互通;以重点城市为依托,抓住重要产业发展,构建经济产业链;加大专业人才吸引力度等问题。

在"边疆地区多民族文化与文旅融合发展"主题讨论环节,与会专家探讨了边疆地区多民族文化特征,发展文旅产业的优势,跨境旅游带来的新的经济增长点,发展文旅产业过程中需注意解决的问题等。

与会专家一致认为,本次会议的"边疆城市发展"主题非常有意义，通过助推边疆城市发展，也必将有助于中华民族伟大复兴的早日实现。要以此次会议为契机，开展更大规模、更加深入的学术合作，边疆城市发展论坛将来会在全国边疆范围陆续举办。

（原文发表于《中国社会科学报·社科院专刊》
2019年7月26日总第488期）

后　　记

　　《鸡西市转型发展报告》由"中国社会科学院国情调研基地（黑龙江）"2019年度课题立项支持。"中国社会科学院国情调研基地（黑龙江）"是中国社会科学院院级国情调研基地，在中国社会科学院科研局的组织、领导下，由中国社会科学院中国边疆研究所与黑龙江省社会科学院结队主持，目的是深入了解黑龙江省的省情、社情、民情，结合专业知识，为黑龙江省经济、社会发展提供学术支撑和对策咨询，发挥哲学社会科学服务社会、服务决策的重要作用。

　　《鸡西市转型发展报告》课题组由中国社会科学院学部委员、中国边疆研究所所长邢广程研究员与黑龙江省社会科学院副院长王爱丽研究员担任联合主持人，课题组主要成员包括中国边疆研究所党委书记刘晖春以及东北与北部边疆研究室范恩实、初冬梅、朱尖、李甲新等，黑龙江省社会科学院王爱新、黄红、王海英、陈小丽、陈秀萍、王化冰、王建武、张斐男、刘懿锋、朱德鹏等。

　　在项目立项和实施过程中，课题组与鸡西市政府进行了充分的沟通。鸡西市市长于洪涛亲自审定课题组调研和学术会议方案并做出重要批示，在课题组调研期间，接见调研组全体成员，对课题组调研活动给予亲切关怀和重要指导。鸡西市副市长、中国社会科学院近代史研究所副所长金以林研究员对课题论证给予指导，对课题组的调研活动和学术会议进行精心安排并全程参与。鸡西市政府办公室李兴亮等同志全面协助课题组与市政府对接工作,并参与课题调研报告提纲拟定和文稿撰写。此外,鸡西市下辖密山、虎林、鸡东三市县领导同志也对课题组有关学术活动给予了大力支持。在各级领导同志的支持和关怀下,鸡西市以及密山、虎林、鸡东等市县有关职能部门大力配合、积极协助,为课题组获取信息、资料,开展调研活动创造了便利条件。在此,谨代表课题组向鸡西市各方面的支持和帮助表示最诚挚的谢意!

本项国情调研项目的实施,分为以下四个阶段。第一阶段是资料的搜集和整理,课题组全面搜集近五年来鸡西市经济、社会发展相关公开资料以及学术界相关研究论文,通过编辑整理装订成册,其中资料近500页,一般论文53篇,博硕士学位论文28篇。第二阶段是实地调研,课题组于2019年6月20—26日,在鸡西市开展系统调研活动,与鸡西市、密山市、虎林市有关部门开展座谈,听取情况介绍,并进一步获取资料,同时全面深入城镇社区、工矿企业、乡村农场、边境口岸,通过深入实际、接触群众,提高认知水平。为了做好调研工作,课题组特别邀请中国社会科学院经济研究所、金融研究所、社会发展战略研究院、民族学与人类学研究所的专家一同参与调研活动。第三阶段是通过召开学术会议集思广益,进一步提高认知水平。2019年6月27—29日,由中国社会科学院中国边疆研究所、黑龙江省社会科学院、鸡西市政府联合主办,中国社会科学院中国边疆研究所东北与北部边疆研究室、虎林市政府共同承办的"中国边疆城市发展论坛"在虎林市虎头镇召开。与会专家发表的真知灼见,对调研报告撰写提供了重要智力支持。第四阶段是撰写调研报告。为了更好地撰写调研报告,课题组先后两次在黑龙江省社会科学院召开协调会,在开展调研前就明确写作内容及分工,从而保证了调研报告的按时优质完成。课题组成员分头撰写各章节后,由范恩实加以整合;完整稿件分别交邢广程、王爱丽与金以林最后审定。

调研报告的写作分工是：引言由范恩实（中国社会科学院中国边疆研究所）撰写，第一、二、三章由李兴亮（鸡西市政府办公室）撰写，第四章由王海英（黑龙江省社会科学院）撰写，第五章由李小丽（黑龙江省社会科学院）、陈秀萍（黑龙江省社会科学院）撰写，第六章由王建武（黑龙江省社会科学院）撰写，第七章由张斐男（黑龙江省社会科学院）撰写，第八章由刘懿锋（黑龙江省社会科学院）、朱德鹏（黑龙江省社会科学院）撰写，第九章由王化冰（黑龙江省社会科学院）撰写，第十章由初冬梅（中国社会科学院中国边疆研究所）撰写，附录由朱尖（中国社会科学院中国边疆研究所）、范恩实编写。

最后，感谢中国社会科学出版社对本课题成果出版的大力支持。范晨星编辑在课题立项后就积极介入，对课题写作提纲提出重要修改建议；高效开展编务工作，为书稿的尽早出版付出巨大努力，在此表示特别感谢！

邢广程，男，汉族，1961年10月生，黑龙江省绥化人。现任中国社会科学院学部委员，中国社会科学院中国历史研究院中国边疆研究所所长、研究员。1996年被授予中国社会科学院优秀青年称号，1998年被授予中国社会科学院"有突出贡献的中青年专家"，2000年成为享受国务院特殊津贴专家，2002年获新世纪"百千万人才工程"国家级人选荣誉称号，2012年获文化名家暨"四个一批"人才荣誉称号，2014年获国家"万人计划"哲学社会科学领军人才荣誉称号。2013年获授俄罗斯"普希金奖章"，2020年被俄罗斯科学院远东分院授予"名誉博士"称号。主要兼任国家社会科学基金项目学科评审组专家、国家出版基金管理委员会评审专家、《中国社会科学》杂志编委、国家反恐办软科学专家、第二届国家民委决策咨询委员会专家委员、中国中俄关系史研究会副会长，中国新兴经济体研究会副会长。

于洪涛，男，汉族，1967年10月生，山东海阳人，1989年7月参加工作，1989年6月加入中国共产党，毕业于哈尔滨工业大学高级管理人员工商管理专业，工商管理硕士。现任鸡西市委副书记，市人民政府市长、党组书记。

王爱丽，黑龙江省社会科学院副院长、二级研究员，省级领军人才梯队社会学带头人，硕士生导师。哈尔滨工程大学等大学特聘教授。中国社会学会常务理事、中国生活方式专业委员会常务副会长兼秘书长、中国社会治理专业委员会副会长、中国东亚社会学专业委员会副会长、黑龙江省社会学学会副会长兼秘书长。现为黑龙江省优秀中青年专家，黑龙江省文化名家，享受国务院特殊津贴。主要研究方向为发展社会学、应用社会学、家庭社会学等。

金以林，男，汉族，1967年12月生，上海青浦人。现任中国社会科学院近代史研究所副所长，研究员。第三批国家"万人计划"哲学社会科学领军人才。中国史学会副秘书长、北京历史学会理事。主要研究方向为民国政治史、教育史、国民党史。